피플 스마트

감성시대의 인간관계 황금률

토니 알레산드라 / 마이클 오코너 지음
김양호 / 황태호 옮김

韓國經濟新聞社

역자의 말

인간, 인간관계, 인간관리는 인류사회가 존속하는 한 계속 연구해야 할 영원한 테마이다. 왜냐하면 인간이란 존재는 한 마디로 불가사의한 존재이기 때문이다. 그래서 동서고금의 선각자들은 인간이란 무엇이고, 인간관계는 어떻게 해야 하며, 바람직한 인간관리의 기술은 무엇인가를 밝혀내려고 골몰해 왔다. 역자들 역시 인간학에 관심을 갖고 연구 저술 교육을 해 온 지 어언 30여 년이 되었지만, 아직도 만족스럽지 못하다는 것이 솔직한 고백이다.

『나는 호의를 갖고 성실하게 대하는데도 상대가 잘 호응을 해주지 않습니다. 어떻게 해야 됩니까?』

이런 질문을 받을 때는 당혹감을 느낀다.

인간관계란 자기만 잘 해서 되는 것이 아닌, 상대와의 관계이기 때문이다. 상대하는 인간의 특성을 모르고서는 결코 인간관계를 잘 할 수가 없다. 그렇다면 십인십색 천차만별인 인간의 특성을 어떻게 파악할 수 있을까?

동물학자들이 동물의 생태를 참으로 오랫동안 관찰하여 그 특성을 알아내듯이, 인간학자들 역시 오랫동안 인간의 행위를 관찰하여 그 특성을 파악할 수밖에 없다.

그러나 어느 세월에 수많은 인간들을 관찰하고 연구하여 그 특성을 파악하고 활용할 수 있단 말인가? 이 점이 인간관계의 기술이 더 이상 발전하지 못하게 한 한계였다.

「사람들을 내 뜻대로 움직일 수만 있다면 세상에 안 되는 일이 없다」는 것을 알면서도, 인간의 특성파악의 어려움 때문에 연구가 미흡한 현실에 안타까움을 느껴왔다.

그런데 뜻밖에도 《피플 스마트》란 책을 발견하고는 경탄을 금할 수가 없었다. 여태껏 갈구하던 인간특성에 관한 연구가 체계적이고 활용하기 좋게 정리되어 있지 않은가? 또 1970년대에 각광받기 시작한 〈TA-교류분석〉을 능가하는 역작이었기 때문이다.

《피플 스마트》의 저자 토니 알레산드라와 마이클 오코너 박사는 세계적으로 널리 알려진 인간행동학의 권위자들이다. 이들이 지난 30여 년 동안 각계각층의 수많은 사람들과 접촉하여 추출해 낸 인간의 유형과 그에 대한 처방은 누구나 쉽게 실생활에 활용할 수 있다는 확신을 갖고 번역하기에 이르렀다.

현대는 대립의 시대에서 결속의 시대로 접어들고 있다. 결속의 주역은 인간이며, 방법은 원만한 커뮤니케이션을 통한 인간관계이다.

모쪼록 이 책이 저자들이 말한 대로『긍정적인 영향력을 발휘하고 성공적인 상호관계를 구축하려는 사람과 커뮤니케이션의 향상과 긴장완화를 바라는 사람들』모두에게 훌륭한 지침서가 되기를 바라마지 않는다.

1996년 8월

김 양 호

황 태 호

저자의 말

성공하기 위해서는 타인들과 잘 어울리는 것이 최고다. 그간 많은 조사를 통해서도 성공을 거둔 사람들은 모두가 타인들과 원만한 관계를 구축했던 사람들인 것으로 밝혀졌다. 이 책이 쓰여진 것도 여러분에게 삶의 다양한 영역에서 성공적으로 사람 사귀는 기술을 가르쳐 주기 위한 것이다. 지금부터 우리가 여러분에게 보여 주려는 전략을 제대로 습득한다면 낯선 사람들과 관계를 맺는 일로 두려워할 필요가 없고, 나아가 모든 사람들을 성공적으로 대하는 데 있어서 나름의 길을 찾을 수 있을 것이다.

인생의 성공 여부는 인간관계에 따라 결정된다. 이에 관해 저자들이 30여 년간 연구한 기법을 소개하고자 한다. 이 책은 전 세계 인류 모두에게 적용될 수 있다. 왜냐하면 인간은 누구든지 목표를 성취하기 위해 타인과 긍정적인 관계를 수립해야 할 필요가 있기 때문이다.

이 책을 읽는 동안 여러분은 사람들과의 접촉에서 어떻게 해야 호감을 사고 좋은 대화자가 되며 긴장과 마찰을 줄이게 되는지 발견할 것이다. 이 책의 독창적이고도 단계적인 기법을 익히는 과정에서 여러분은 그전까지 겪어 보지 못한, 타인의 눈을 통해 자신의 모습을 확인하는 경험을 얻게 될 것이다. 동시에 어떤 사람에게도 그가 성공과 성취감을 획득하도록 영향력을 행사할 수 있다는 인상을 만들어 내는 방법도 익힐 수 있을 것이다.

이 책은 세 가지 목적을 위해 쓰여졌다. 첫 번째는 여러분에게 사람들이 행동하는 것에 대한 의식적 지각력을 제공하기 위한 것이고, 두 번째는 그들이 어떻게 할 것인지 미리 예측하고 또 왜 그렇게 하는지 이해하도록 돕기 위한 것이다. 세 번째는 여러분과 타인의 유형을 있는 그대로 받아들이고 양자 사이를 성공적으로 연계시킬 수 있도록 돕기 위한 것이다.

우리의 행동유형 모형은 단순하면서도 실제적이며, 동시에 기억과 활용이 쉽고 대단히 정확하다. 이 책을 공부하는 동안 여러분은 사람들의 유형의 차이점을 이해하면서 동시에 그 차이를 이용하여 어떠한 환경도 여러분에게 유리한 쪽으로 작용하도록 하는 법을 배울 수 있을 것이다. 사실 우리가 외부 세계에서 보는 차이점이란 실제로는 다른 사람들의 마음 속에서 진행되는 현상으로 접근할 수 있는 열쇠에 다름 아닌 것이다.

이 책은 여러분으로 하여금 타인과 연계할 수 있게 해 주면서, 동시에 우리 모두가 원하지만 어떻게 성취하는지 몰랐던 성공 방식들을 가르쳐 줄 것이다. 여러분은 이러한 인간관계의 전략이 어떻게, 왜 효과를 발휘하는가에 대해 단계별 비결을 습득할 수 있을 것이다.

여기에서 제시하는 세 가지 구체적인 교훈들은 성공의 주요 열쇠가 될 것이다.

1. 자신의 행동유형과 그것의 장단점을 이해하는 법, 또한 타인과 올바른 의사소통 및 상호작용을 성취하는 법

2. 타인의 행동유형을 도출해서 그들이 원하고 필요로 하는 방식

대로 대접해 주는 방법

3. 자신의 행동유형에 적응력을 부여하여 타인으로 하여금 나를 편하게 대하도록 하고, 나도 그를 편하게 대할 수 있도록 하는 법. 사람들이 편안함을 느낀다면 그들은 여러분과 함께 일하고 싶어하고, 시간을 보내고 싶어하고, 여러분과 교제를 통해 소중한 것을 공유하고 싶어할 것이다.

이 책은 다양한 상황에서 여러분이 원하는 것을 얻도록 해 주는 도구가 될 것이다. 또한 타인과의 긍정적이고 생산적인 교류를 통해 얻어진 통찰력을 이용할 수 있는 힘과 지식을 제공해 줄 것이다. 지금부터 여러분은 보다 현실적으로 인간관계 개선에 나설 수 있을 것이다. 왜냐하면 이 책이 그 비결을 제시해 줄 것이기 때문이다.

저자 씀

서 문

모든 인간은 어느 분야에 종사하든지 간에 자신에 대해서 좀더 자세히 알고 타인을 효과적으로 대하는 방법을 터득해야만 한다. 이 책은 바로 그런 당신을 위해 단순하면서도 그간의 실험에서 신빙성을 입증받은, 긍정적으로 타인들에게 영향력을 발휘하는 방법을 보여줄 것이다.

당신은 사람들을 있는 그대로 보고, 그들과의 관계에서 최대한의 소득을 거두는 방법을 배우게 될 것이다. 그렇다고 여기에서 가치관이나 판단력에 대한 문제를 다루고 있는 것은 아니다. 그 대신 욕구(needs)와 두려움(fears)—— 인간으로 하여금 어떤 일을 행하도록 만드는 자연적인 성향—— 을 중점적으로 다루고 있다.

이 책에서 당신은 그 어떤 유형의 사람들과도 관계 없이 모든 사람들을 성공적으로 대할 수 있는 구체적 전략을 배우게 될 것이다. 또한 전화나 편지를 통해 상대의 행동유형을 파악해 내는 법을 배우게 될 것이며, 각 유형의 사람들과의 만남을 준비하는 과정에 필요한 비결도 배우게 될 것이다.

여기에서 다루어지는 내용은 과거 30여 년간 각계각층의 수십 만 명의 사람들을 대상으로 개발되어 온 것들이다. 우리는 앞으로 당신이 배우게 될 것 —— 인간 상호작용이라는 상황을 궁극적으로 나의 이익과 상대방의 이익으로 이끄는 방법들 —— 을 그 동안의 실행을 통해 그 효과성을 입증한 바 있다.

행동유형

타인과의 교류가 지속되는 동안, 당신은 편안하게 느끼는 특정의 행동유형을 개발하게 된다. 당신은 타인과 의사 소통을 진행할 때 스스로 말하고 싶었던 내용이 무엇인지 분명히 인식하고 있지만, 그것이 상대방에게 전달될 때는 대개 두 가지에 의해 변형된다. 그 하나는 당신의 의사전달유형 때문이고, 다른 하나는 수용자의 배경 및 그가 전달하는 내용과 상호 작용을 받아들이는 과정이 어떠한가에 의해서이다.

사람들에게는 나름의 고유한 사물의 처리 방식과 함께 확인과 예측이 가능한 행동유형이 있기 마련이다. 행동유형이란, 우리가 사람들과 상황을 어떻게 처리하는가에 집중되어 있는 일련의 반복적 습관이자 패턴을 말한다. 그것은 대부분의 시간에 우리가 긴장감 없이 스스로에게 어울리는 행동을 할 때 보이는 자연스러운 행위 양식인 것이다.

첫째 유형의 사람은 결과만을 놓고 성공 여부를 측정하려 한다. 그가 지향하는 것은 최종 산출물과 기본적 수익이다. 그는 합당하기만 하다면 어떠한 희생을 치르더라도 일을 완성하고자 한다. 그 결과 다른 사람들의 성취감 부족이 보일 때, 그의 자연스러운 반응은 『그렇게 앉아서 빈둥대지 말고 아무 일이라도 해!』 하는 식이다. 그는 오직 성과를 필요로 할 뿐이다.

둘째 유형의 사람은 인정받는 것을 최고의 가치로 생각하여, 자신이 얼마나 많은 감사와 칭찬을 받았는가로 성공을 측정한다. 그는 필연적으로 관심 집중과 찬사에 이르는 길을 추구한다. 그는 친밀감과 즐거움, 인기와 명성에 비중을 두지만 거부, 부정, 논쟁 등은 의식적으로 회피한다.

셋째는 상호 관계를 중요시하는 꾸준하고도 협력적인 유형의 사람을 들 수 있다.

그는 공유(共有)와 신뢰를 최고로 생각하지만, 사람과 사물에 대한 자신의 감정은 항상 분명한 근거 위에 바탕을 둔다. 그는 일상의 반복적인 직무에서 안정성과 예측 가능성을 원하므로 급격한 비계획적 변화는 거부하고, 안정적이며 예견 가능한 환경을 요구한다. 이런 유형은 친밀함 속에서 활력을 갖는다. 따라서 이 유형은 변화나 급작스러운 상황에서는 불편함을 느낀다.

넷째 유형은 축하의 말보다는 실질적인 내용에 더 관심을 두는 사람이다. 그는 사물의 원리를 알아 내서 그것이 제대로 작용하는지를 측정하고자 한다. 그는 일이 올바르게 진행되기를 원하므로 각 절차들을 손수 점검하려고 한다. 외양을 중요시하는 그는 기존의 규칙과 규정을 따르면서 절차——과업의 성취 방식——에 초점을 맞춰 간다. 그는 과업을 사람보다 우선하고, 페이스는 천천히 유지한다.

저자들은 이상의 4가지 유형을 순서대로 지시형, 사교형, 관계형, 사색형이라고 이름을 붙였다. 이 책의 나머지 부분은 모두 이러한 행동유형에 대한 논의에 할애되거니와, 특히 각 유형들이 상호 관계에 어떠한 도움을 주고 또 장애를 일으키는지 중점적으로 다루게 될 것이다.

자신의 유형을 조정하라

남들과의 교류에서 성공하려면 그들의 외면으로 나타나는 상징 신호를 훌륭하게 수용하고, 그것에 관심을 가져야 한다. 상징 신호를 무시하거나 묵살할 경우 성공을 기대하기는 어렵다. 이때 자신의 습관적 유형에 대해 이해하고 그것이 타인들의 유형과 어떻게 다른지 알 수 있다면, 자신의 접근 방식을 조정함으로써 상대방과 동일한 감정 흐름을 타는 것이 가능할 것이다. 그렇다고 상대방에게 제시하는 자신의 아이디어 자체가 변하는 것은 아니다. 단지 아이디어를 제시하는 방식을 바꾸는 것이다. 그래서 자신이 상대방의 독특한 상징 신호를 찾아 내려는 의욕을 보여 줄 때, 상대방 역시 기꺼이 같은 방식을 취하게 되는 것이다.

우리는 종종 자연스러운 행동을 취한다는 핑계로 무심코 다른 사람들을 서먹서먹하게 만들기도 한다. 나에게 자연스러운 행동이 때로 남에게는 자연스럽지 않을 수 있다. 우리가 동료, 부하 직원, 상사, 친구와의 관계를 원만하게 이룩해 가려면, 우리의 본질적 성향과 그들의 본래적인 선호도를 분명히 인식하고 있어야 한다! 그래야 극단적인 행동을 피하게 되고 스스로를 파괴하는 상황에 들어서지 않게 된다. 이것은 행동유형의 변화를 기하며 수시로 우리의 행동을 적절히 조정해서 다른 사람들이 편안하게 느끼도록 만들 수만 있다면 충분히 가능한 상황이다. 그것이 제대로 이루어진다면 긴장은 줄어들고 협조는 강화될 것이다.

이러한 전략들은 우리 모두에게 충분한 대가 —— 훌륭한 비즈니스 관계 및 궁극적으로는 훌륭한 비즈니스를 이룩하는 —— 를 가져다 준다. 이 전략들은 수시로 만나게 되는 불쾌하면서도 불가피한 마찰을 능숙하게 관리함으로써 관계를 개선시키는 방법이 될 것이다. 이 책을 통해서 당신은 타인들의 불쾌한 행동 분출을 최대한 줄이고, 당신이 범할 수 있는 불쾌한 행동을 정확히 가려 내고 줄여 나가는 방법을 배우게 될 것이다. 또한 타인들에 대해 좀더 많은 것을 알게 될 것이고, 그들이 당신을 바라보는 시각도 알게 될 것이다.

기본 수익의 결과

이 책은 당신의 성장을 돕는 한편 좀더 성숙하고 생산적으로 행동할 수 있도록 도와 줄 것이다. 이 책은 두려움(fears)보다는 목표(goals)에 집중하는 법을 가르쳐 줄 것이다. 그래서 당신의 본래적인 장점은 더욱 발전시키고, 미개발 분야는 깨닫고 개선하며 계발해 나가는 방법을 알게 해 줄 것이다. 저자들로서는 이 책을 통해 어떤 행동이 옳고 그르다고 판단을 할 생각은 없다. 다만 인간의 모든 행동의 근원을 이루는 본래적 성향인 욕구와 두려움에 집중함으로써, 이들을 관리하는 방식을 바탕으로 나 자신과 남들이 보다 효과적인 사람이 되도록 하는 방법을 연구하려는 것이다.

경영자는 부하 직원들의 생산성과 능률성을 극대화하는 방법을 알고자 한다. 세일즈맨은 고객들과 좀더 훌륭한 관계를 구축하고자 한다. 그리고 종업원들은 자기 동료나 상사들과 잘 지내려고 한다. 남을 돕는 직종에 종사하는 사람이라면 자신의 환자나 고객들에게 좀더 양질의 봉사를 전해 주려고 한다. 엔지니어라면 자신의 작업 환경에 가장 적합한 사람이 되어 보다 나은 제품을 생산하고자 한다. 또 외교관이나 공무원이라면 훌륭한 커뮤니케이션 능력을 발휘하여 국제적, 국가적, 또는 지역적으로 다양한 집단의 사람들에게 영향을 미치고 싶어할 것이다. 한 마디로 말해서 사람들은 어느 누구든지 업무에 관련된 관계에 대한 이해 관계를 갖고 있다고 할 수 있다.

이 책은 독자 중심으로 편찬된 책으로서, 많은 도표를 통해 본문 내용을 요약, 설명하고 있다. 여러분은 이 책을 몇 번씩이고 활용하는 가운데 대하기 힘든 사람이나 중압적인 상황을 관리하기 위한 동반자로 삼을 수 있을 것이다. 앞으로 여러분은 스스로의 독특한 장점과 내면적 단점까지도 이해하고, 타인들의 장단점도 함께 파악할 수 있게 될 것이다. 그리고 모든 업무적 상호 관계의 개선에 적극적으로 나서기 위한 유용한 도구를 얻게 될 것이다.

차   례

제 3 장   언어적 · 음성적 · 시각적 단서의 인식 / 63

제 4 장   사무실에서의 성격유형 판별방법 / 87

제 5 장   행동 적응력을 통한 개인적 역량의 창출 / 107

제 6 장   유연성과 탄력성의 개선 / 125

제 7 장   실무에서 : 업무 현장에서의 문제 해결방식 / 137

제 8 장   리더십 스타일 / 171

제 9 장   행동유형에 따른 세일즈와 서비스 전략 / 199

제 10 장   총 정 리 / 223

제 **1** 장

황금률의 수정

성격의 충돌인가, 신속한 관계 수립인가?

타인들과의 교제에서 성격 문제로 갈등을 느껴 본 적이 있는가? 까다로운 사람들을 만날 때마다 아무리 참으려고 해도 자신도 모르는 사이에 이를 악물게 되고 몸 구석구석에 더욱 많은 아드레날린 (역주 adrenalin 흥분할 때 생성되는 호르몬)이 분비되는가? 이러한 과정은 우리가 어떻게 부르든 간에 충돌을 겪고 있는 것이다. 당신과 상대방은 동일한 감정의 흐름을 타지 못하고 있는 것이다.

두 사람이 충돌할 때는 극단으로 치닫는 경우가 자주 발생한다. 그 결과 서로를 회피하거나 상대방의 납득할 수 없는 행동을 서슴없이 지적하고는 한다. 또는 제3자에게 가서 상대방을 얼마나 혐오스럽게 생각하는지 털어놓기도 한다. 그것도 아니라면 혼자 분을 삭이

---

* 황금률이란 「금과옥조」라는 일반명사처럼 쓰이기도 하지만, 보통은 성서의 마태복음에 나오는 『남에게 대접받기 원하는 대로 너희도 남에게 대접해 주어라 : Do unto others as you would have them do unto you』의 문귀를 지칭함.

면서 당면한 상황을 참아 내려고도 한다. 어떤 반응이 나타나든 간에, 두 사람은 성격의 갈등을 겪고 있기 때문에 불편함을 느끼고 있는 것이다.

이와는 반대로, 우리는 즉각적으로 좋아하게 되는 사람을 생각해 볼 수도 있다. 이때 당신과 상대방 두 사람은 신속한 관계를 수립하고 공감대를 갖게 된다. 10분만 지나면 그 훌륭한 양반을 마치 한평생을 알고 지냈던 사람처럼 느끼게 된다. 그 사람이야말로 태어날 때부터 당신과 인연이 맺어져 있던 벗인 것처럼 느껴진다. 그의 성격은 모두가 「옳게만 보이고」 그와 함께 있기만 해도 기분이 좋아진다. 그 사람과 함께 있으면 편안함과 안온함을 느끼게 된다. 둘 사이에는 풍부한 교감이 흐르고, 그의 이름은 당신이 좋아하는 사람들을 열거할 때마다 떠오르게 된다.

인간에게 나타나는 이 두 가지의 극단적인 감정 변화에 대해 어떻게 설명해야 할까? 확실하게 말할 수 있는 것은, 일련의 특이한 경험들이 개인의 가족 혈통을 통해 내려오는 유전인자와 함께 어우러져서 사람들을 각기 다른 존재로 만든다는 점이다. 그래서 개개인이 갖고 있는 피해야 할 종류의 사람과 최상의 친구가 될 사람에 대한 개념은 각양각색이다. 이러한 주관적인 차이 외에도 인간 사이의 의사 소통 방식에 따라 빚어지는 갈등과 조화도 있다. 그렇다면 그렇게까지 서로가 다르고 때로는 까다롭기만 한 타인과의 교류를 어떻게 할 것인가?

까다로운 사람들을 상대하는 법

여기서 제시하는 개념들은 타인들이 당신을 편안하게 느끼도록 만드는 방법을 가르쳐 줄 것이다. 그 결과 당신과 상대방 사이에는 긴장이 줄어들 것이다. 긴장이 줄어들면 긍정적 결과——신뢰, 진실, 창의성, 협력, 존경, 열의, 생산성——가 늘어난다. 상대방과의 관계에서 좋은 성과를 얻으려면 어떻게 해야 할 것인가? 상대의 수준에 맞춘 의사소통을 통해 그들을 편안하게 만들면 된다. 어려운 인간 관계 문제에 부딪쳤을 때, 다음의 방법을 참고하도록 한다.

- 당신의 성격유형과 그 강점, 약점을 이해하고, 당신의 행동을 통해 그 특성이 타인들에게 전달되는 방식을 이해하도록 한다.
- 빠르고도 손쉽게 익힐 수 있는 기술을 통해 타인들의 성격유형을 도출함으로써 그들을 「간파해내고」 그들이 원하는 대로 대우해 주는 방법을 알아 낸다.
- 모든 유형의 사람들이 당신에 대해, 또 당신이 그들에 대해 편안함을 느끼도록 당신의 행동유형을 조정해 나간다.

황금률의 실천

당신이 황금률을 얼마나 잘 실천하는가에 따라 모든 인간 관계——업무, 사교, 데이트, 가족 관계 등——에서 상호 조화의 향상과 갈등의 감소를 이루어 낼 수 있다. 당신이 황금률을 올바르게 실천하기만 한다면 보다 많은 상호 관계의 조화를 이룩하겠지만, 황금률의 진정한 정신을 잘못 이해한다면 더욱 심화된 성격상의 갈등을 겪을 뿐이다. 여기서 당신이 올바른 견해를 갖고 있는지 확인하기 위해서 황금률이 무엇인지 알아보도록 하자.

황금률은『남에게 대접받기 원하는 대로 너희도 남을 대접하라』는 뜻만 가질 뿐이지, 경영자들의 논리인『황금을 가진 사람이 법칙을

만든다』나 회의론적 해석인 『남이 나에게 무엇인가를 하기에 앞서 그
들에게 행하라(Do unto others before they do unto you)』를 뜻하지
는 않는다.

<table>
<tr><td align="center">황금률</td></tr>
<tr><td align="center">남에게 대접받기 원하는 대로
너희도 남을 대접하라.</td></tr>
</table>

『그렇다면….』 하고 당신은 의문을 제기할 것이다. 『사람들이 그
러한 진리를 실행하는 데 왜 곤란을 겪는 것일까? 황금률을 지키는
사람들은 보다 조화로운 관계를 수립하고 갈등을 겪지 말아야 하는
것 아닌가!』 물론 당신의 말은 옳다. 문제는 황금률을 단어 그대로
해석하고 그것의 진정한 의미를 파악하지 못하는 데 있다. 황금률을
잘못 적용하는 경우, 당신은 조화를 증진시키기 보다는 보다 많은 갈
등의 함정에 빠질 뿐이다.

그 이유는 간단하다. 당신이 원하는 방식으로 남에게 대접하기만
하다가는 당신과 다른 요구, 바램, 기대치를 갖는 사람들에게는 해만
끼치고 말 것이기 때문이다. 그러므로 황금률을 단어 뜻 그대로만 적
용하는 것은 화합보다는 더 많은 갈등의 소지를 가져온다. 물론, 당
신이 알고 있는 문장 자체는 잘못된 것이 없다. 단지 황금률을 단어
그대로만 실행할 때는 당신이 만나는 사람들의 4분의 3에 문제가 생
긴다는 점이다. 황금률을 곧이곧대로 따르는 것은 타인들을 당신의
관점에 의해 대우하는 것을 의미한다. 이는 상대가 가장 편안하게 들
을 것이라고 당신이 믿는 방식대로 이야기하는 것을 의미하고, 당신
이 소개받고 싶은 방식대로 당신이 남을 소개하는 것을 의미하며, 당

신이 남에게 원하는 방식대로 그들을 이끄는 것을 뜻한다.

또한 당신이 대접받기를 원하는 방식대로 남을 대접할 때 남들이 그 방식을 좋아하지 않는 경우에 발생하는 긴장을 생각해 볼 수 있다. 당신은 자신의 욕구를 채우기 위한 행동을 취하거나 스스로 따르기 쉬운 방식으로 말할 것이다. 그러나 이러한 행동은 종종 타인들의 욕구에 부응하지 못한다. 이것이 황금률이 상호 관계에 손상을 줄 수 있는 두 번째 이유다. 황금률은 모든 사람들이 똑같은 방식으로 대우해 주기를 원한다는 점을 전제로 하지만, 사실 인간의 선호도(選好度)는 각양각색이다. 따라서 이 원칙의 적용은 개인 개인에 따른 각각의 성격 차이를 바탕으로 해서 바뀌어야만 한다.

사례 : 마거리트 여사는 못말려!

황금률은 우리들 모두가 동질적인 세계에서는 효과를 발휘하겠지만, 실상 인간의 내면 세계는 거의 동질적이지 않다. 예를 들어 이 책의 공저자 중 한 사람인 토니의 어머니 마거리트 여사는 황금률을 충실히 이행하지만 종종 역효과를 겪는다. 그녀는 마치 전 세계 인류가 자신의 이탈리아 가문과 연관되어 있기라도 한 것처럼 모든 사람들을 똑같이 대한다. 마거리트 여사는 특이하리만치 인간 지향성과 외향적 성격을 가진 분이다. 그녀는 외식하러 가는 식당에서 그 집 주인과 다른 단골손님들에게 마치 자기 집 부엌에서 그러듯이 일일이 인사한다. 누구든지 눈이 마주쳤다 하면 곧 그녀의 표적이 되고 만다.

그녀는 생면부지의 사람들이 앉아 있는 테이블 옆을 지나칠 때 이렇게 말한다. 『안녕하세요? 전 마거리트라고 해요. 손님 성함은 무엇이죠? 혹시 이탈리아 출신 아니세요? 아니라고요? 어쩜 저런….』 등등. 때로는 다른 사람들의 대화에도 곧잘 끼어든다. 그녀 자신이 개인적 질문을 받는 것을 개의하지 않기 때문에, 다른 사람들에게도 곧잘 개인적 질문을—— 그 사람이 대답하고 싶어하든 않든—— 던진다.

- 마거리트 : 『직업이 뭔가요?』
- 손님 : 『전 계리사에요.』
- 마거리트 : 『계리사라. 그건 종교단체 같은 데서 일하는 겁니까? 계리사가 하는 일이 뭐죠?』
- 손님 : 『보험회사를 위한 요율 산정을 하죠.』
- 마거리트 : 『수입이 좋으시겠네요? 그렇죠? 얼마쯤 버시는데요?』

우리가 이 식당에서 투표를 할 수만 있다면, 손님 중 절반은 마거리트 여사를 훌륭하다고 생각할 것이다(야, 우리 엄마도 저런 분이었다면 얼마나 좋을까…. 또는 저분은 참 보기 드문 분이셔).

그러나 나머지 절반은 다른 방식으로 반응을 보이거나 생각할 것이다(내가 외식하는 것은 프라이버시를 원하기 때문인데…. 심지어, 저 여자 누가 풀어 놓았어?). 좋은 의도와 인간 지향성을 가진 그녀지만, 무심코 남의 감정을 건드리기도 하는 것이다.

여기서 알 수 있는 사실은? 그녀는 분명히 황금률을 실천했다. 그럼으로써 몇몇 사람들은 감동했고 다른 사람들은 불쾌했다. 아니, 꼭 불쾌까지는 아니더라도 최소한 그들의 긴장 수위(水位)는 높아졌다. 그녀는 자신이 대접받기 원하는 방식대로 남에게 행함으로써 복합적인 반응을 야기시켰다. 그녀는 자기 나름의 관점대로만 행동하면서 다른 사람들의 선호도는 고려에 넣지 않았던 것이다. 왜 그랬을까? 이는 그녀가 누군가가 자기에게 다가와서 은밀하고도 개인적인 생각을 묻는 것을 개의하지 않기에 자신도 타인들에게 똑같은 행동을 하는 것이 당연하다고 가정한 데서 기인한다. 이것은 우리도 예외가 아니다.

우리는 타인들을 우선적으로 고려하지 않음으로써 긴장으로 끓어넘치는「한 쪽이 승자면 다른 쪽은 패자(win/lose)」, 또는「모두 패자(lose/lose)」방식의 인간 관계를 초래할 수 있는 것이다.

황금률의 근본 정신

저자들의 생각으로는 황금률을 다른 사람들의 감정을 고려하는 쪽으로 수정해야 할 필요가 있다고 본다. 그렇다고 규칙을 어기라는 뜻은 아님을 명심해야 한다. 단지 우리는 그것을『다른 사람들에게 그들이 원하는 방식대로 행하라』나『다른 사람들이 대접받고 싶어하는 대로 대접해 주어라』로 재정의하려는 것이다. 이와 같은 황금률의 수정은「더 훌륭한」것으로의 변질을 의미하지는 않는다. 다만 황금률의 진정한 정신, 또는 실제적 의도를 파악하여 타인들의 욕구를 올바르게 고려하고 이에 걸맞게 반응하자는 것이다. 우리는 나와 다른 사

황금률의 근본 정신
다른 사람들에게 그들이 원하는 방식대로 행하라. 또는, 다른 사람들이 대접받고 싶어하는 대로 대접해 주어라.

람은 다르게, 그것도 자신의 욕구가 아닌 그들의 욕구에 따라서 대우
해야 한다. 이를 통해서 우리는 더욱 향상된 이해와 수용 상태를 취
할 수 있게 된다.

자연스럽게 행동하기

우리가 우리 자신의 관점에 따라 다른 사람들을 대우하게 되면,
그 결과는 표출되든 그렇지 않든 간에 대개 긴장으로 이어진다. 닐
사이먼(Neil Simon)의 연극 〈기묘한 사람들(Odd People)〉에서는 상
호 정반대의 성격유형을 갖는 두 주인공 펠릭스 엉거와 오스카 매디
슨이 나온다. 오스카는 스스로를 털털하고도 수수한 「진짜 남자」로
여기지만, 펠릭스는 오스카를 속물이라고 생각한다. 반면 펠릭스는
스스로를 「완벽의 표본」으로 보지만, 오스카는 그를 좀스러운 소심
증 환자로 간주한다.

펠릭스가 청결, 정확성, 절도와 같은 욕구에 바탕을 둔 기대치를
갖고 오스카를 대할 때면, 오스카는 버럭 화부터 낸다. 비록 두 사람
의 성격이 많은 사람들이 마주칠 수 있는 다양한 행동을 표현한 것으
로 보기에는 다소 과장되었지만, 분명한 것은 어떻게 해서 우리가
「자연스럽게 행동할」 때 그것이 다른 사람들을 질리게 만드는가를 이
들이 잘 보여 주고 있다는 것이다. 펠릭스와 오스카의 충돌은 재미있
게 보기라도 할 수 있지만, 전 세계에 걸쳐 있는 펠릭스와 오스카들
의 일상 생활은 그렇게 흥미롭게만 받아들일 수는 없는 것이다.

우리가 타인들을 올바르게 대해 주지 못하면, 욕구의 갈등이 지속
적으로 반복되면서 유망한 인간 관계라도 결국은 파국에 이르게 된
다. 펠릭스와 오스카가 서로의 욕구를 이해하려는 노력을 기울였더

라면, 그들은 상호 간의 차이점에 대해 훨씬 향상된 평가를 할 수 있었을 것이고 보다 많은 것을 서로 배울 수 있었을 것이다. 그리고 그들은 스스로가 「자연스럽게 일으키는」 갈등을 해결하기 위한 실질적인 선택 사항들을 찾을 수 있었을 것이다. 그러나 이들 두 사람은 상대방이 자기와 똑같은 행동을 할 것을 기대하면서부터 충돌하고 있었다.

매일 매일 우리는 다양한 유형의 사람들과의 접촉을 통해 갈등 또는 성공의 가능성을 마주한다. 갈등 그 자체는 어느 정도 불가피한 것이지만, 당신이 불화를 어떻게 다루는가에 따라 발생하는 결과는 얼마든지 통제가 가능하다. 그것도 아니라면 적어도 당신이 바라는 소기의 목적만큼은 관리가 가능하다. 당신으로서는 자신의 행동을 조정해 가며 상대방의 관점에 따라서 그가 원하는 대로 대접해 주는 쪽을 선택하든지, 그렇지 않다면 당신의 욕구만을 충족시키는 쪽을 선택하게 된다. 다만 후자의 결과는 불만족, 실망, 혼란, 고민을 초래할 뿐이다. 결정은 당신에게 달려 있다.

당신의 관점을 수정하라

『내 행동을 수정하라고? 난 바꾸기 싫어! 위선은 싫단 말야!』
우리는 표범을 코끼리로 바꾸라는 말을 하자는 게 아니다. 좀더 합리적이고 성공적인 방식으로 행동하자는 것이다. 누군가가 빠른 보조를 취하며 움직이면 거기에 보조를 맞추라는 것이다. 또 누군가가 보다 많은 사실과 세부 사항을 원하다면 그것들을 제공하라는 것이다.

『잠깐만! 나에게 자연스럽지 않은 행동을 취하는 것이 위선이 아니라고?』

바로 그렇다. 주위 환경에 적절하게 반응하는 태도를 보일 때 다른 사람들의 인정과 수용을 얻는다는 사실을 우리 모두가 알고 있다. 그 결과 커다란 성공도 얻게 된다. 그런 행동은 또한 미국의 일부 해외 여행자들이「자연스럽게 행동하며」원주민들도 자기처럼 행동해 주기를 바라는 것과 관련되어 발생하는 이른바「어글리 아메리칸」의 이미지를 불식시키는 방안이기도 한 것이다. 물론 새로운 것은 항상 처음에는 어색하게 느껴진다. 하지만 반복된 실천을 거쳐 곧 편안해진다.

사람들은 교육, 경험, 성숙 등을 통해 적응성을 갖춰 나갈 수 있다. 우리로서는 적절한 행동이 부각되는 기회만 포착하면 된다. 앞에서 언급했듯이 나 자신을 상대방의 입장에 놓을 수만 있다면, 그 사람을 대할 때는 언제든지 개방적인 태도를 견지할 수 있다. 다른 사람들이 의사 소통을 할 때 편안하게 느끼는 방식을 이해할 수만 있다면, 나의 접근 방법을 얼마든지 조정할 수 있다. 물론 이것은 나의 선천적 성격을 변화시키자는 것이 아니다. 다만 다른 유형의 사람들과 상황을 처리할 때, 보다 의식적으로 익힌 행동상의 통찰력과 능력을 개발하자는 것이다.

타인들이 표출하는 상징 신호를「읽어 내면서」학습해 가며 이에 대한 적절한 대응을 보일 준비만 되어 있다면, 그들도 우리에게 자신과의 적절한 의사 소통 방법을 가르쳐 줄 것이다.

펠릭스와 오스카를 위한 제안

펠릭스 엉거와 오스카 매디슨의「불편한 커플」도 서로 알고 지낸지 수년이 흘렀다. 그러나 그들은 서로에 대해서 알고 있는 것을 적용하려는 노력은 하지 않았다. 그들은 서로 자기 자신만 생각하면서 무심코 각자의 욕구를 충족시키는 방향으로 돌진해 나갔다. 이 과정에서 상대방의 욕구를 충족시키기 위해 필요한 상징 신호들을 서로 무시하고 있었다.

보다 생산적인 상호 작용의 장면을 상상해 보자.

- 펠릭스 :『오스카, 네 방은 난장판이야. 자, 내가 이 옛날 신문들을 치워서 네 방을 치우는 것을 도와 줄게.』
- 오스카 :『좋아. 하지만 내 허락 없이 다른 것들은 건드리지 말아. 잘못하면 내 방식대로 서류 정리해 놓은 것을 망가뜨릴 테니까.』

오스카는 방 정리를 펠릭스가 원하는 것보다는 의도적으로 지저분하게 해 놓는다. 그러나 펠릭스가 이「북새통인」상태를 견뎌 낼 수 있고, 오스카도 뒷정리를 하는 습관을 익힐 수만 있다면, 이들은 상호 간의 욕구에 성공적으로 부응할 수 있을 것이다. 집 정리 문제에 대해서 펠릭스는 정돈을 필요로 하고, 오스카는 분방함을 필요로 한다. 이러한 현실을 지각하면서 상호 간에 보여 주는 상징 신호를 이해했다는 사실을 상대방에게 알려줌으로써 이들의 커뮤니케이션의 효과는 극대화될 수 있다. 그것이 이루어지면 서로 간의 욕구 유형을 충족시키는 방식도 탐측될 수 있을 것이다.

여기에서 하나의 선택 가능한 방안은 타협이다. 오스카는 자기의 방에 문이 닫혀 있는 한 언제든지 지저분하게 할 수 있고, 대신 공동 거실은 깔끔하게 한다. 또는 오스카가 펠릭스와 협력하여 자신의 방을 청소할 수도 있다.

- 펠릭스 :『오스카, 네가 원하는 대로 할 수 있는 자유를 필요로 하는 것은 잘 알지만, 네 방은 개성적인 표현물로 가득 차 있어서 마치 사람이 그 안에 갇혀 있는 것처럼 보여(침대가 어디 있는지나 알까 몰라). 내가 자네를 도와 방을 정리한다면 서로 간에 좀더 편안하겠는데….』
- 오스카 : (흥! 자기 방이었다면 몽땅 집어 던지고 싶겠지) 『지금 상태도 좋지만, 네가 나에게 물어 보지 않은 채 어떤 것이라도 건드리지만 않는다면 네 생각을 따를게.』

이렇게 되면 펠릭스와 오스카는 상호 욕구의 이해와 수용을 바탕으로 한 자연스러운 동의라는 해결책에 도달하게 된다. 이는 서로에게 얼마나 다행스러운 일인가!

행동유형의 철학적 배경

사람들은 상호 간의 차이 때문에 수천 년간 갈등을 겪기도 하고 매력을 느끼기도 해 왔다. 이에 대한 문헌 중 가장 오래된 것은 별들의 위치를 기록했던 점성가들에 의해 기록되었다. 그렇게 해서 네 가지 기본 분류 —— 땅, 공기, 불, 물 —— 에 따른 12궁(宮)이 만들어져 지금까지도 쓰이고 있다.

고대 그리스에서는 히포크라테스의 4기질(氣質)론 —— 다혈질(多血質), 점액질(粘液質), 담즙질(膽汁質), 흑담즙질(黑膽汁質) —— 이 등장한다. 그는 성격이라고 하는 것이 혈액, 담즙, 흑담즙, 황담

즙으로 형성된다고 보았다. 이러한 것들은 현대의 우리들로서는 다소 이해하기 힘들지만, 많은 사람들은 오랫동안 다양한 「성질」을 설명하기 위해 이 물질적 또는 신체적 요인들에 대한 해석을 수용해 왔다. 그외에도 의학, 물리학, 형이상학, 수학, 철학에 관련된 여러 저명 인사들도 인간의 4기질을 연구해 왔는 바, 그 중에는 아리스토텔레스, 엠페도클레스, 테오파라스토스가 있고, 고대 로마 시대의 갈레노스도 이에 포함된다. 히포크라테스의 4기질에 대한 언급은 셰익스피어의 작품들에서도 쉽게 찾을 수 있다. 심지어 이 용어들은 현대에도, 특히 아기들과 어린이들에 관해서 자주 쓰이고 있다. 『제이슨은 아이치고는 너무 진지하고 담즙질적(역주 melancholy 보통은 「우수에 젖는」 정도로 번역함.)인 것 같아』 또는 『제니퍼는 다혈질이라 쉽게 흥분하는 것 같아』 등.

1921년 칼 구스타브 융(Carl Gustav. Jung) 박사는 그 당시 인간 성격에 대한 가장 심오한 과학 저술인 《심리적 유형(Psychological Types)》이란 책을 썼다. 원래 이 책은 사람들에게는 완전히 같지 않은 심리적 경향이나 세계 인식, 해석, 대응 방식이 있음을 설명하기 위한 것이었다. 융 박사는 4가지의 기본적인 행동유형 —— 직관성향자(直觀性向者 ; Intuitor), 사색성향자(思索性向者 ; Thinker), 감정성향자(感情性向者 ; Feeler), 감각성향자(感覺性向者 ; Sensor) —— 을 묘사했다.

이 기본적인 4유형 모형은 동서남북을 막론한 전 세계의 문화에 걸쳐 적용된다. 융의 행동유형에 관한 설명의 대부분은 외부 행동으로 표출되는 내부 성향에 집중되어 있는 것이지만, 이 책에서 저자들이 제시하는 개념은 각각의 인간들이 외부 세계로 표출하는 관찰 가능한 외부적 행동 패턴에 집중하고 있다. 이를 통하여 인간의 특정 행동 뒤에 숨겨진 동인이자 아직 덜 알려지기는 했어도 과학적으로 증명된 「내부적 힘」들도 밝혀 낼 수 있다. 한 마디로 말해서 이 책은 사람들이 현재의 행위를 왜 하는지 이해하는 데 도움을 주기 위해서 쓰여졌다. 우리는 다른 사람들의 외적 행동을 보고 들을 수 있기 때문에 그것들을 해독할 수도 있는 것이다.

우리의 모형은 간단하고 실제적이면서 기억하고 사용하기도 쉬울 뿐더러 대단히 정확하기도 하다. 이것은 사람들을 자연스러운 핵심적 행동유형에 따라 4가지로 분류하는 것으로부터 비롯된다.

- 지시형
- 사교형
- 관계형
- 사색형

상대를 알고 나를 이해하기

자신의 행동유형

나 자신의 행동유형을 확인해 보려면 어떻게 해야 할까? 우선 하나의 단어로 이루어진 여러 가능한 인간 특징들 중 나에게 가장 적당한, 그리고 가장 그렇지 못한 특징들을 선택하는 것으로부터 시작하기로 한다. 물론『이 모든 단어들이 나를 두고 이야기하는 것 같아』또는『나와는 전혀 관련 없는 말인데』라고 생각할 수도 있을 것이다.

하지만 집중력을 갖고서 공통적인 선택 사항들로부터 자신만의 특징을 고르도록 한다. 다른 사람들보다 유독 자신에게서 두드러지게 드러나는 행동 특징을 찾아 내는 것으로부터 그 노력은 보답을 받기 시작할 것이다.

사람들은 때때로 다른 유형의 사람들과 비슷한 행동을 보일 때도 있다. 하지만 대부분의 경우, 유독 한 가지 유형에서 두드러진 특징을 나타내기 마련이다. 가장 친숙한 유형, 행할 때 가장 편안하게 느낄 수 있는 그것이야말로 바로 자신의 핵심적 행동유형 —— 가장 「나답게 행동할 때」 분명하게 드러나는 독특한 성격유형——인 것이다. 자신의 행동유형을 파악하기 위해서 다음 지시 사항들을 주의 깊게 읽어 보도록 한다.

개인 성품 일람표

자신의 실제 행위를 실질적으로 측정하기 위해서는 개인 성품 일람표가 필요하다. 우선 다양한 환경과 시기에 걸쳐 나타나는 자신의 행동 특성들을 생각해 보고 일람표를 완성한다. 이렇게 만들어진 일람표는, ① 이미 계발 완료된 개인 특성과 ② 앞으로도 더욱 계발할 수 있는 잠재적 강점들을 알아보는 소중한 개인적 자료가 될 수 있다. 또한 이 자료를 통해 우리가 실제 현실이라는 실험실에서 접하게 될 다양한 종류의 상황 처리 —— 보다 「까다로운」 것도 포함한 —— 를 위해 자신의 유형을 적응시켜 가는 방법도 배울 수 있다.

응답과 채점을 위한 지시 사항

1. 다음 도표에 제시되는 특성용어들이 얼마나 자신에게 두드러진 특징인지 판단하도록 한다. 이 때 각 횡렬마다 자신의 특성을 가장 잘 드러내는 단어에 4점을 매기고, 그 다음으로 두드러진 것에 3점을, 그 다음은 2점, 마지막으로 가장 희박한 특징에 1점을 매긴다.

예) <u>3</u> 지시형 <u>4</u> 영향력형 <u>1</u> 일관형 <u>2</u> 주의형

◎ 개인 성품 일람표 ◎

구분 1	구분 2	구분 3	구분 4
__지시형	__작용형	__일관형	__주의형
__단호형	__낙관형	__인내형	__자제형
__과감형	__열정형	__안정형	__분석형
__경쟁형	__다변형	__배려형	__정확형
__세력형	__매력형	__태평형	__관심형
__총점	__총점	__총점	__총점

〔해석〕
- 각 번호의 종렬 점수들을 합쳤을 때 최고 점수가 1번 밑에 있다면 나는 지시형이다.
- 각 번호의 종렬 점수들을 합쳤을 때 최고 점수가 2번 밑에 있다면 나는 사교형이다.
- 각 번호의 종렬 점수들을 합쳤을 때 최고 점수가 3번 밑에 있다면 나는 관계형이다.
- 각 번호의 종렬 점수들을 합쳤을 때 최고 점수가 4번 밑에 있다면 나는 사색형이다.

2. 다음 각 종렬 마다의 점수를 합한다. 모든 횡렬과 종렬의 점수들을 전체로 합치면 50점이 되어야 한다.

지시형 : 내가 얼마나 훌륭하게 했는지 봐라!

(1) 목표와 두려움

지시형 사람들은 지도력과 개인적 통제권이라는 내부적 욕구에 이끌리며, 사람과 상황에 대해 적극적으로 책임을 지고자 한다. 그들은 목표에 도달하기를 원한다. 그들의 핵심 욕구는 성취감이므로 무의미한 결과를 용납하지 않고 기본 성과들을 추구한다. 지시형 사람들의 좌우명은 『앞서거나 따르라, 그렇지 않으면 꺼져라』이다. 그들은 승리를 원하므로 인간과 규칙에 도전한다. 마찬가지로 도전을 받아들여서 권한을 쥐고 문제 해결로 돌진해 나가기도 한다.

이들의 목표 지향성은 두려움과 밀접하게 관련되어 있다. 그것은 판에 박힌 일상으로 추락하거나 남에게 이용당하는 것, 「물렁물렁해」 보이는 것이다. 따라서 그러한 두려움들이 실체화되는 것을 막기 위해 종종 극단으로 치닫기도 한다. 한 마디로 지시형들은 조급하면서도 항상 무엇인가를 이루어 내고자 하는 유형이라고 할 수 있다.

(2) 강점과 약점

지시형 사람들은 통제력의 발휘를 원하므로 비즈니스와 사회적 상황에서 주도권을 잡고 싶어한다. 〈날 가두지 마세요(Don't Fence Me In)〉와 같은 노래는 이 유형의 사람들을 위해 만들어진 것이라고 해도 좋을 것이다. 이들은 누군가가 자신을 방해한다고 생각하게 되면 거의 밀실 공포증에 걸린 사람처럼 행동한다. 지시형들은 선천적으로 반항의 기질이 있는 것처럼 자율성을 향한 욕구를 충족시키기 위해 노력한다. 이들은 자기 방식대로 일을 처리하거나 그렇지 않으면 아예 손도 대지 않는다.

지시형들은 종종 강력한 지도력을 갖춘 경영관리자나 성과 지향적인 모습을 보여 준다. 그들은 혼자 힘으로 신속하고도 인상적으로 일을 처리한다. 이 유형의 사람들은 성과를 거둘 때까지 장애 극복을 위한 환경 설정에 노력한다. 이들은 자신과 타인을 관리할 수 있는 최대한의 자유를 요구하고, 리더십 기술을 발휘하여 승리자가 되려고 한다. 이와 아울러 지시형들은 탁월한 경영관리 능력과 위임하는 능력도 갖고 있다. 이들은 만일 자신의 운동 요법이나 치과 다니는 일까지도 남에게 맡길 수만 있다면 그렇게 할 것이다.

이러한 공격적 유형은 때로는 냉정하고 독립적이고 경쟁적인 성향으로 보인다. 지시형들은 자신의 개인적 가치를 포함하여 개별적 성과 기록에 의해 판단되는 측정 가능한 결과들을 중시한다. 이들은 어떤 유형보다도 변화를 좋아하고 또 변화를 창출하고자 한다. 사자는 이 유형을 가장 잘 상징—— 지도자, 권위, 최고가 되려는 내부적 욕망—— 하는 동물이다.

지시형의 긍정적이지 못한 요소는 완고함, 조급성, 거칠음 등이다. 이들은 천성적으로 타인들을 통제하고 싶어하므로 동료나 부하, 친구, 가족들, 낭만적 관심사 등에서 보이는 감정, 태도, 「부적절성」에 대해 관대하지 못하다.

지시형들은 연역적 추론을 통해—— 일반적인 것에서 구체적인 것으로—— 각종 자료를 관념적으로 처리한다. 이들은 오른쪽보다는 왼쪽 뇌(보통 인간 뇌에서 오른쪽은 감정을, 왼쪽 뇌는 행동을 제어한다고 알려져 있음)를 많이 쓴다. 지시형들이 자료를 처리하는 방식을 이해한다면, 그들이 기본 이익에 얼마만큼 강조를 두는지도 이해할 수 있을 것이다. 이들은 다양한 「마인드 컨트롤」 기법을 활용하여 한 번에 한 가지씩 최우선적 과업에 집중한다. 그 예로 일부 지시형들은 프로젝트에 몰두하고 있을 때는 정신을 분산시키는 것들을 차단하는 능력이 뛰어나다. 그들은 사람 목소리, 사이렌, 초인종 소리를 듣지 못한 채 모든 에너지를 특정 업무에 쏟을 수 있다.

이들은 압박감에 시달릴 때 종종 마구 고함을 지르거나 펄펄 뛰거나 타인들에게 공격적인 태도를 보임으로써 분노를 제거하기도 한다. 이들은 긴박한 상황에는 선천적이라고 할 만큼 호전적인 반응을 보인다. 이런 성향들은 지시형이 원래부터 타인들의 관점과 감정에 관해 맹점이 있음을 잘 보여 준다. 분노의 표출은 자기 내부의 긴장과 적대감을 완화시키는 데는 도움이 되지만, 다른 성격유형의 사람들은 이런 지시형의 스트레스 제거 행동에 대해 겁을 집어먹을 수도 있는 것이다. 하지만 지시형들은 자기가 감당하지 못할 정도로 화를 내다가도 시간이 지나면 처음에 무엇 때문에 화를 냈는지 곧 잊어버리곤 한다.

지시형 음악가나 연주자는 무대를 통솔하고 동시에 청중에게 경외심을 심어 줄 수 있는 방식을 추구한다. 그들은 스스로를 추종자와 동료들 사이에 홀연히 솟아나서, 여태까지는 없었던 최고의 지위에 오르는 대상으로 형상화한다. 이처럼 경쟁적 성향의 부류에 속하는 사람들이므로 어떠한 도전이라도 환영한다. 그린 베이 패커스 팀 (역주 Gveen Bay packers 미국의 프로 미식 축구팀)의 전설적 감독이었던 빈스 롬바르디는 이렇게 말했다. 『승리는 전부가 아니라 유일한 것일 뿐이다.』

이상을 요약하면 지시형들은 다음과 같은 특성들을 갖는다.

- 적극적 관리 : 이들은 직접적인 통제권을 추구하고, 자기 방식대로 일처리하기를 원한다.
- 통제 지향적 : 개인적 힘과 위상을 잃는 것을 두려워한다.
- 경쟁적 : 승리를 원한다.
- 강력한 일등 지향성 : 남이 인정하든 하지 않든 최고가 되거나 「정상에 오르려」 한다.
- 과업 집중 : 이들은 업무 처리에 능력을 보이지만 종종 남의 기분을 망각한다.
- 성취자 : 인생을 장애를 뚫고 성공에 이르는 과정으로 본다.
- 강력한 의지 : 일단 마음을 먹으면 고집스럽게 그 생각에 집착하는데, 특히 중압적 상황에서 더욱 그러하다.
- 조급함 : 이들은 자신의 성과 달성에 관련자들이 몰입하기를 원한다. 그것도 지금 당장!
- 바쁘다 : 대개 많은 계획을 동시에 처리하려고 하므로 「일 중독증」에 걸리기도 한다.

◎ 지시형을 다루는 법 ◎

지시형의 특성은?	따라서 당신은…
• 1인자가 되려 한다.	─그들에게 새로운 기회와 승리의 방법을 제시한다.
• 논리적으로 생각한다.	─추론 과정을 보여 준다.
• 사실과 요점을 원한다.	─정확한 자료들을 제공한다.
• 성과를 추구한다.	─목표와 한계에 대해 동의를 얻은 뒤 도와 주거나 비켜선다.
• 개인적 선택권을 선호한다.	─일정 한도 내에서「자기 마음대로 하도록」허락한다.
• 변화를 좋아한다.	─일상적 업무에 변화를 준다.
• 위임하기를 좋아한다.	─그들의 과업 집중 성향을 수정할 기회가 될 수 있다.
• 자신의 성과를 주목받고 싶어 한다.	─그들이 해 놓은 일에 대해 칭찬한다.
• 통제력의 발휘를 원한다.	─적절한 주도권을 갖게 해 주되, 한계 요인을 정한다.
• 갈등을 초래하기 쉽다.	─필요시 불화를 빚는 부분에 대해 신념을 갖고 논쟁하되, 사실을 중시하고「성격」문제는 건드리지 않는다.

사교형 : 여보세요, 절 좀 보세요!

(1) 목표와 두려움

터놓고 교류하기를 좋아하는 개방적인 사교형 사람들은 인간 활동이 있는 곳은 어디든지 나서려고 한다. 대체적으로 그들은 외향적인 활발함이나 빠른 페이스를 보이며, 인간 관계를 과업보다 우선 순위에 놓는다.

그들은 사회적 환경이나 직무 환경 내에서 긍정적 결과에 초점을 둔 낙관적이고도 친근한 방식으로 남에게 영향력을 행사한다. 다시 말해서, 사교형들은 자신이 좋아하고 있다는 것을 보여 주기만 한다면 남들도 호의를 갖고 비슷한 반응을 보일 것이라고 믿는 것이다. 인정과 수용은 이들을 움직이는 주요 동인이고, 이들은 항상 활동성의 빛 가운데로 들어서거나 그 주위를 맴돈다.

사교형은 타인의 감탄을 원하고 인정과 칭찬과 갈채 위에서 활기를 얻는다. 『이기고 지는 것은 아무래도 좋다. 게임을 할 때 내가 어떻게 보이는지가 중요하다.』

타인의 감탄과 수용은 어느 유형들보다 사교형에게 중요한 의미를 갖는다. 만일 당신이 그에 관한 언급을 하지 않으면, 사교형들은 얼마든지 시간을 소비해 가며 스스로가 원하는 수용을 얻기 위해 자신에 대해 떠벌릴 것이다.

이들이 가장 두려워하는 것은 공적인 모욕 —— 남으로부터 무시당하는 것, 관심을 끌지 못하는 것, 실패자나 수용 불가능한 사람으로 비치는 것 —— 이다.

이런 다양한 형태의 사회적 거부 대상이 되는 것은 수용을 지향하는 사교형 사람들의 핵심적 욕구를 위협한다. 따라서 이들은 공공연

한 굴욕, 참여로부터의 소외, 사회적 인정의 상실을 피할 수만 있다
면 극단적인 수단이라도 동원하려고 한다.

(2) 강점과 약점

사교형의 최대 강점은 그들의 열정, 설득력, 친근함이다. 이들은
다른 사람들을 자신의 꿈 속에 붙잡아 둘 수 있는 이상향의 인간들이
다. 사교형은 타인들과의 연계성을 구축한 뒤에 상당한 설득력으로
그들에게 영향력을 행사하고 자신의 환경을 형성하여 소기의 성과를
거두려고 한다. 그리고는 그 성과에 대해 수용의 표시로 끄덕임이나
적당한 언급을 해 주기 바란다. 다른 사람에게 칭찬을 받지 못하면
자기 스스로 칭찬의 말을 만들어 낸다.『자, 크리스. 너 참 오늘 훌
륭했는데, 나라도 네 등을 두드려 주지!』라는 식으로 자기 자신에
게 말하기도 한다.

사교형은 자극형이고 다변형이며 대화 중심형이다. 돌고래는 잘
놀고 사교적이며 수다스럽다는 면에서 사교형의 좋은 상징 동물이
될 수 있다.

사교형의 선천적 약점으로는 너무나 많은 참견, 조급함, 고독에
대한 두려움, 산만함을 들 수 있다. 이들은 이러한 약점들 때문에 쉽
게 지루해 한다. 사교형은 작은 자료들을 가지고도 쉽게 일반화한
다. 때로는 누군가가 대신 할 것으로 믿고 일 처리 과정을 제대로 점
검하지 않기도 한다. 심지어 일을 반복하는 것이 재미없다는 이유만
으로 미루기도 한다.

사교형은 충분한 자극과 연루성을 보장받지 못하면 금방 싫증을
내고 다른 것, 또 다른 것, 그 다음에도 계속 다른 것을 찾아 나선
다. 극단적일 때 이들의 행동은 피상적이고 얼렁뚱땅 하는 식에다 실

수도 잦고 너무 감상적인 것으로 보이기도 한다.

이들이 직업으로서 엔터테인먼트 분야에 종사할 때는, 대개 선천적으로 활동적인 감정을 보여 주고 표출하는 능력이 뛰어나다. 이들은 청중의 움직임과 반응에 의해 쉽게 자극을 받기 때문에, 자신의 매력적이고 친근한 행동을 보여줌으로써 말 그대로 청중들의 사랑을 독차지하려고 한다. 이들이 원하는 것은 관객들이 그에 대해『참 멋진 사람이군!』하고 느끼는 것이다.

이상을 요약하면 사교형들은 다음과 같은 특성을 갖는다.

- 낙관주의 : 이들은 인생의 긍정적 측면을 보고 부정적 상황 및 사실과 관심사들은 무시한다.

- 빠른 페이스 : 신속하게 말하고 움직이면서 대부분의 활동들을 처리한다.

- 감상적 : 쉽게 자신의 감정을 드러내고 다른 사람들의 감정에 반응한다.

- 수용의 추구 : 다른 사람들이 승인해 주고 기운을 북돋아 주기를 원한다. 또 승인해 주고 서로서로 좋아할 수 있는 사람들을 원한다.

- 흥미 추구 : 이들은 경쾌하고 긍정적이며 자유로운 분위기를 추구하고, 특히 친구들 사이의 멋진 파티 등을 즐긴다.

- 쉽게 흥분 : 감정을 표출하고 열성을 보이거나(최상의 경우) 소란스럽게(최악의 경우) 행동한다.

- 자연발생적 : 이들은 충동적으로 움직이므로 상세한 세부 항목을 계획하거나 처리하는 것을 싫어 한다.

- 표현적 : 때때로 중요한 정보를 잊거나 쉽게 노출시키고, 엉뚱한 사람에게 많은 이야기를 하기도 한다.

◎ 사교형을 다루는 법 ◎

사교형의 특성은?	따라서 당신은…
• 수용과 외양에 신경쓴다.	– 그들을 존경하고 좋아한다는 것을 보여준다.
• 열정적인 사람과 상황을 추구한다.	– 낙관적으로 행동하고 경쾌한 상황을 제공한다.
• 감정에 따라 사고한다.	– 가능하다면 그들의 감정을 지지해 준다.
• 전체적인 예측을 원한다.	– 세목에 빠지지 않도록 하고 「전체상」에 집중한다.
• 참여와 인간적 교류를 원한다.	– 그들과 상호작용하면서 함께 참여한다.
• 변화와 변혁을 필요로 한다.	– 일상성에 변화를 주고 장기적인 반복성이 요구되는 일을 제거한다.
• 남이 주목해 주기 바란다.	– 개인적으로 자주 그들을 칭찬한다.
• 체계화에 남의 도움을 원한다.	– 함께 한다.
• 갈등을 싫어한다.	– 비공격적으로 행동하고, 특히 절대로 인격적 공격을 하지 않도록 조심한다.
• 행동과 자극을 원한다.	– 빠르고도 활력 있는 페이스를 유지한다.
• 낙관론으로 무장해 있다.	– 그들의 이상을 지지하고 꿈을 깨지 않도록 한다. 당신의 긍정적인 모습을 보여 준다.
• 자신이 『멋있어 보인다』라는 말을 듣고 싶어한다.	– 그들의 업적, 진보에 대해 언급하고 진심으로 인정함을 표한다.

관계형 : 내가 얼마나 환영받는지 아세요?

(1) 목표와 두려움

관계형인 사람들은 남들의 진실한 개인적 관심과 수용성이 뒷받침되는 존중을 원한다. 꾸준함과 시종일관성은 이 유형의 사람들의 최대 특징이다. 이들은 느리고 편안한 페이스를 좋아한다. 『이기고 지는 게 문제가 아니라, 팀워크과 우정이 더욱 중요하다.』

이들은 장기적 인간 관계를 목표로 하기 때문에 언제나 신뢰성을 구축하고 남의 얼굴을 익히는 것에 집중한다. 저돌적이거나 공격적인 행동은 이들을 당황하게 한다.

관계형은 안전을 추구한다. 이들의 목표는 상대적으로 변화가 적은 환경에서 자신이 선호하는 안정성을 유지하는 것이다. 관계형은 비록 흥미를 자아내는 미지의 개념이 있더라도 가급적 이미 알고 있거나 경험했던 것에 안주한다.

관계형에게 「위기」라는 어휘는 볼썽사나운 것이다. 이들은 예견된 행동을 선호하므로 현재의 상황이 아무리 불쾌하더라도 예전에 해왔고 지금도 하고 있는 일이라면 계속 진행한다. 이러한 현상 유지의 목표에 상당히 연관성을 갖는 것은 변화와 혼란에 수반되는 두려움이다. 그 결과 일상적인 업무 패턴을 혼란시키는 것은 어떤 것이라도 이들을 괴롭힌다.

이들은 급작스러운 변화를 무서워하므로 언제나 앞으로 벌어질 상황에 대해 걱정한다. 이들 대부분은 미지의 것이 현재의 것보다 나쁠 수 있다는 근심을 갖는다.

관계형들에게 변화란 심사 숙고와 계획이 필요한 대상이다. 다행히도 변화 속에 현재와 같은 내용이 들어 있다면, 그러한 요구에 대

처할 때 필요한 특정의 자신감을 얻을 수 있기 때문에 그만큼 이들의
중압감도 줄어든다.

(2) 강점과 약점

관계형은 선천적으로 「진득하기」 때문에 함께 어울리기 편한 유형
이다. 이들은 어느 누구를, 특히 자기 자신을 위협하지 않는 안정적
상호 관계를 선호한다.

코알라는 관계형 사람들을 적절히 상징하는 동물이다. 이들은 느
리고 꾸준한 페이스를 유지하며, 편안한 기질과 접근하기 쉽고 안정
된 모습을 보여 준다.

관계형은 계획과 일관성에 신경쓴다. 이는 그들의 일상적인 꾸준
함을 유지하기 위해 필요한 것들이다. 하지만 그들도 목청을 높여야
하는 상황에서는 어려움을 겪는다. 마음 속으로는 반대하더라도 타
인의 뜻, 또는 상황에 따라 보조를 맞추려는 성향 때문이다. 이들과
다른 보다 단호한 유형의 사람들은 쉽게 양보하고 대결을 회피하는
관계형의 성격을 악용하기도 한다.

또한 관계형들은 자기 표현에 대한 소극성 때문에 감정적 상처를
입기도 한다. 이들은 단호함의 부족으로 인해 종종 건강과 안녕에 손
상을 입기도 한다.

관계형은 다른 어떤 유형보다도 생활의 평온함과 안전성을 희구한
다. 이들은 대개 유쾌하고 협조적으로 행동하려고 하며, 자신의 행위
목록에 가급적 격분이나 자기 도취 같은 감정적 극단성은 포함시키
지 않는다.

사교형과는 달리 관계형은 온건한 감정 상태를 유지하기 때문에
극적이거나 쉽게 변하는 감정의 기복은 겪지 않는다. 이는 침착함,

안정감, 균형 감각을 추구하는 그들의 선천적인 욕구를 반영하는 것이기도 하다.

관계형인 유명인들은 예견 가능한 이야기들을 주로 한다. 관계형 연주자들은 관객에게 리듬을 맞추기 때문에 그들이 연주할 때는 청중과 함께 호흡하는 것처럼 보인다. 이들이 관객일 때는 전형적으로 다음과 같은 반응을 보인다. 『저 사람은 마치 우리들 속에 있는 것 같아!』『꼭 가족이나 친한 친구 같아!』

관계형들은 그룹에 참여하는 것을 즐기고, 그들의 성과는 대개 기브 앤 테이크(give-and-take) 정신에 의해 얻어지는 것들이다.

어상을 요약하면 관계형은 다음의 특성을 갖고 있다.

- 평화롭다 : 차분하고도 신중하며, 겸손한 행동과 태도를 보여준다.
- 느린 페이스 : 행동에 앞서 각 단계와 가이드 라인을 알아 낸 뒤에 방법론적 절차에 따라 움직인다.
- 외교적 : 타인들과 안정적 관계를 수립하려는 욕망에 따라 자신을 제한하고, 문제나 관심사도 해결가능한 것으로 본다.
- 예견 가능성 : 일상적이고도 안정적인 상황과 실행을 선호한다.
- 인내력 : 이들은 장기적이거나 최소한 확실한 결과가 생성될 계획에 매달린다.
- 겸허하다 : 이들은 「스스로 떠벌리지」 않고, 다른 사람들이 진정으로 자신의 성과를 인정해 줄 때는 이를 감사히 여긴다.
- 편의 도모형 : 예측 가능한 역할 관계를 규정하고 다른 사람들과 잘 어울린다.
- 이웃과 같음 : 이들은 친근하고 유쾌하며, 유용한 직무상의 상호 관계를 좋아한다.

◎ 관계형을 다루는 법 ◎

관계형의 특성은?	따라서 당신은…
• 안정성에 관심을 갖는다.	− 당신의 의견이 위험을 최소화할 수 있음을 보여 준다.
• 논리적으로 생각한다.	− 추론 과정을 보여 준다.
• 증거 문서와 사실을 원한다.	− 자료와 증거들을 제시한다.
• 개인적 몰입감을 좋아한다.	− 인간적으로 그들에게 흥미를 갖고 있음을 보여 준다.
• 단계별 결과들을 알려고 한다.	− 손수 「끝까지 제시해 주는」 아웃라인과 상세한 지시사항을 보여 준다.
• 남들이 자신의 꾸준한 인내를 알 아주기를 바란다.	− 그들의 초지일관성을 칭찬한다.
• 위험과 변화를 피한다.	− 개인적으로 안심시킨다.
• 갈등을 싫어한다.	− 비공격적으로 행동하고 공동의 흥미나 필요한 지원에 집중한다.
• 다른 사람들에게 편의를 제공한다.	− 다른 사람들을 위한 서비스와 지원을 할 수 있게 한다.
• 조용함과 평화를 원한다.	− 편안하고도 친근한 분위기를 제공한다.
• 팀워크를 좋아한다.	− 협조 분위기를 지닌 그룹을 소개해 준다.
• 감사를 표할 만한 진정한 피드백을 원한다.	− 적절한 시점에 그들의 편안한 태도, 협조적 노력을 인정해 준다.

사색형 : 저의 효과성에 주목해 보셨습니까?

(1) 목표와 두려움

사색형은 축하의 말보다는 실질적 내용에 관심을 갖는다. 그들은 구체적이고도 가급적 통제된 조건에서 제품과 서비스에 관여함으로써 과정과 결과가 정확하게 이루어지기를 원한다. 이 유형 사람들의 최우선적 관심은 정확성이고, 인간의 감정 따위는 부차적인 문제일 뿐이다.

이들은 감정이란 주관적이므로 객관성을 왜곡시킨다고 믿는다. 이러한 그들의 성향과 연관지어 볼 때, 사색형의 최대 두려움은 통제되지 않은 감정과 비합리적 행동의 분출이 될 것이다. 보다 정확히 표현해서, 사색형은 자신의 비이성적 행위가 목표 달성을 방해하는 것을 두려워하는 것이다. 그들은 이와 유사하게 타인들의 감정과 비합리성도 두려워한다. 사색형은 당황하지 않기 위해 노력한다. 그러므로 자신과 자신의 감정을 적절히 통제하려고 한다.

(2) 강점과 약점

사색형의 강점은 정확성, 신뢰성, 독립성, 명확성, 점검 기술, 일관성, 조직성 등이다. 이들은 기대치(정책, 시행, 절차)와 그 결과에 집중한다. 이들은 일이 어떻게 진행되는지 알아 내어 그 기능이 올바른지를 평가하려고 한다. 여우는 사색형에 어울리는—— 빈틈없고 꾀가 많으며 조심스러운—— 상징 동물이다.

사색형들은 언제나 정확하려고 하므로 수시로 과정을 검토한다. 이들의 완벽주의 지향적 성향은 극단적으로 치닫는 경우 「과도한 분석으로 인한 마비 증세」를 가져오기도 한다. 이들은 너무나도 조심스

러운 성격 탓에 종종 제대로 과정이 진행되지 않을까 봐 노심초사한
다. 이런 성격은 그들의 비판적이고 괴리된 방식의 행동을 더욱 촉진
하기도 한다.

사색형은 우선 순위를 분명하게 정해서 자신이 수긍할 수 있는 기
존의 페이스에 따라(특히 과업 스케줄이나 마감 시한 등이 정해진 경
우) 일을 처리한다. 이들은 사람보다는 과업에 우선권을 둔다. 다른
유형의 사람들은 보통 한 가지의 우월한 시간 지향성——과거, 현
재, 미래를 불문하고——을 보이며 삶을 영위하지만, 사색형은 자
신의 복잡한 정신적 성향 때문에 이 세 가지 모두에 대해 관심을 갖
고 산다. 이들은 상황의 긍정적 측면과 함께 어두운 측면도 본다. 따
라서 선천적으로 정신적 기지(機智)가 있다.

사색형은 논리적이고도 주의 깊은 방식으로 결정을 내려서 가장
유용한 행동을 취하고자 한다. 『이기고 지는 것이 중요한 것이 아니
라, 어떻게 게임을 치르는가가 중요하다』 기술적으로 완벽하다면 그
것으로 족한 것이다.

사색형 사람들은 개인적 규준을 지키려는 성격으로 인해 스스로
또는 타인에게서 많은 것을 요구하고 너무 비판적인 성향에 빠지기
도 한다. 하지만 때로는 비판 정신을 자신에게만 한정하고, 타인들에
게 결핍된 것을 말하기를 주저하기도 한다. 이들은 자신에게 그다지
부정적인 결과가 발생하지 않을 것이 확실할 경우에는, 긍정적이든
부정적이든 상관없이 오직 「알아 둘 필요가 있음」에 입각하여 남에게
도 정보를 나누어 준다.

사색형이 자신의 소신을 굽히지 않는 경우는, 확실한 사실 또는
세부 사항에 대한 지식이 있거나 다른 사람들이 그렇게 단호하게 나
오지 못할 것이라는 확신이 있는 경우이다. 이들은 또한 상호 관계나

주변 상황에 대해 통제력을 갖고 있는 경우에도 단호하게 나선다. 이들은 특수한 위험이나 과도한 실수, 기타 자신이 바라는 결과에 중요한 영향을 미칠 만한 요인들이 발생했다고 판단할 때는 서슴지 않고 행동을 개시한다.

사색형 예능인은 청중이 원하는 것 이상을 보여 주기를 원한다. 왜냐하면 이들이 들려 주려고 하는 것은 유일무이하고도 압도적이며 완벽에 가까운 연주이기 때문이다. 이들은 관객들이 이렇게 생각하기를 원한다. 『이건 무척 독창적인 연주군!』또는『내 생전에 이런 연주는 처음 듣는데!』이들이 무대에 나설 때는, 일사불란한 연주로 오래 기억될 경험을 제공해 주기 위해 너무도 꼼꼼하게 사전 준비를 한다. 또 이것이 다른 유형의 예능인과는 달리 이들이 자신의 작품에서 감정적인 요소를 배제하는 이유이기도 하다.

사색형은 대략적으로 다음의 특징을 갖는다.

- 주의 깊다 : 방법론적이고 조심스러우며 성급히 일에 일에 뛰어들지 않는다.
- 정확 : 이들은 보다 정확을 기하려고 점검을 몇 번씩 반복하여 가장 올바르거나 유용한 해답을 찾으려고 한다.
- 공정 : 보다 격식을 찾고 분별력도 있으므로 타인들이 자신의 페이스를 지키도록 하고 남들에게도 똑같은 것을 기대한다.
- 프라이버시를 중시 : 생각을 내부에만 간직하고 자기 또는 남의 생각이나 감정을 함부로 드러내지 않는다.
- 절제형 : 이들은 때로 형식적이거나 냉정한 듯 보인다. 이들을 알기 위해서는 시간이 필요하고, 그로 인해 다른 어떤 유형들보다 가까워지기가 힘들다.
- 논리적 : 과정 지향적이고 합리성을 추구한다.

◎ 사색형을 다루는 법 ◎

사색형의 특성은?	따라서 당신은…
• 공격적 접근 방식을 싫어한다.	− 간접적이고 비위협적인 방법으로 접근한다.
• 논리적으로 사고한다.	− 추론 과정을 보여 준다.
• 자료들을 원한다.	− 문서로 된 데이터를 제시한다.
• 과정을 알고자 한다.	− 설명과 이론적 원리를 제시한다.
• 조심스러움을 활용한다.	− 결정을 내리기 전에 생각하고 질의하며 검토하게 한다.
• 스스로 일을 처리하려고 한다.	− 그들이 남에게 위임할 때는 진척 상황과 성과들을 검토할 수 있게 한다.
• 타인들이 자신의 정확성에 주목해 주기를 바란다.	− 적절한 시점에 그들의 철저함과 정확성을 칭찬한다.
• 업무의 품질에 집착한다.	− 가능하다면 과정을 평가하고 참여하게 한다.
• 갈등을 피한다.	− 필요한 사항의 확인이나 도움을 기술적으로 요청한다.
• 정확하고자 한다.	− 최상의 또는 「정확한」 해답을 주어진 한계 시간 내에 찾을 수 있게 한다.
• 심사숙고한다.	− 그들에게 「왜」와 「어떻게」를 이야기해 준다.

- 창조적 : 종종 새로운 방식으로 사물을 보고, 자신과 타인을 생 각하거나 응대할 때 독특한 관점을 제시한다.
- 사색적이다 : 내성적이고 반성적이므로 상황 내의 요인들에 대해 항상 「왜」와 「어떻게」를 고찰한다.

네 가지 유형의 전형적인 모습

네 가지 행동유형의 선천적인 차이를 기억한 상태에서, 각 유형의 사람들에게 15~20분간의 시간을 주어 다음 세 가지의 간단한 결정 을 내리도록 부탁한다고 가정해 보자.
- 다음 미팅은 어디서 가질 것인가?
- 언제 가질 것인가?
- 미팅 주제는?

우연히도 당신의 그룹에는 황금률을 최고의 원칙으로 믿고 있는 관계형, 사색형, 지시형, 사교형 사람들이 각각 한 명씩 있다고 하 자. 이들이 위에 제시한 내용의 과업을 해낼 수 있을까? 할 수도 있 고 그렇지 않을 수도 있을 것이다. 그것은 오로지 이 간단한 과업을 다룰 때 각각 어떤 식으로 반응을 보이는가에 달려 있다.

이 과업이 제대로 이루어지지 않는 경우를 상상해 보자. 여기 네 명이 방으로 들어선다.

대개 첫 마디를 꺼내는 것은 지시형이다. 『내 계획으론 말이 야…』

사교형이 나서서 한마디한다. 『이런! 언제부터 자네가 우리 보스 가 되었나?』

사색형도 말한다. 『이것 외에 다른 것도 생각해야 할 걸. 다른 주제들도 고찰해서 그것들을 탐색할 소분과위원회라도 만들어야 할 거야』

관계형은 미소짓는다. 『그전처럼 팀을 이루어 행동하지 않으면 해낼 수 없을 거야』

이와는 반대로 동일한 행동유형을 가진 4명을 방에 집어넣고 같은 결정을 내리도록 지시해 보면, 그들 역시 과업을 완수하기도 하고 못하기도 할 것이다. 어떤 경우에 완수하지 못할까? 물론 황금률을 단어 그대로 해석하는 경우이다!

4명의 지시형을 같은 방에 있게 했을 때 상황은? 전쟁!

4명의 사색형을 넣는다면? 한없이 이어지는 질문의 목록들.

4명의 관계형은? 아무것도! 그들은 빙 둘러앉아 서로에게 미소만 지을 뿐이다. 『자네가 먼저 말하게』『아니, 자네가 하게. 그건 그렇고, 집안은 편안한가?』

4명의 사교형은 그들이 방에서 나올 때 일을 완수했는지 물어 보면 된다. 『무슨 일을요?』이들은 실컷 떠든 뒤에 10개 이상의 우스갯소리와 화제거리만 가지고 나왔을 것이다.

요점을 밝히기 위해 다소 과장된 바가 있었다. 하지만 몇몇 상황에서는 들어맞기도 한다. 지시형들은 과업을 수행하기 위해 필요한 단호함과 리더십이 가미된 창의성을 지니고 있다. 이들은 마무리 활동을 다른 사람들에게 넘기고 자신은 더욱 흥미가 끌리는 새로운 프로젝트를 찾아다닌다.

계획과 체계적 성향은 사색형을 움직이는 주요 동인이다. 만일 당신이 정확한 임무 수행을 원한다면 사색형을 찾아야 할 것이다. 이들은 다른 유형에서는 찾아보기 힘든 특징인 정확성에 가장 큰 비중을

◎ 4가지 유형 ◎

과업 중심	인간 중심
사색형	관계형
지시형	사교형

빠른 페이스	느린 페이스
지시형	관계형
사교형	사색형

무엇을 추구할까?

지시형 ------------------------------ 힘과 통제권
사교형 ------------------------------ 인기와 위신
관계형 ------------------------------ 성실성과 인정
사색형 ------------------------------ 정확성과 정밀성

어떤 방식으로 의사결정을 할까?

지시형 ------------------------------ 단호하게
사교형 ------------------------------ 자연발생적으로
관계형 ------------------------------ 협의해 가면서
사색형 ------------------------------ 신중하게

두고 있고, 스스로 업무 품질의 전문가가 되고자 하기 때문이다.

관계형은 일관성, 인내심, 지속성, 대인 관계의 장점, 대응성 등의 특성이 있다. 문제가 있는 사람을 도와 주고자 한다면, 언제든지 동정적 태도를 보이는 관계형을 만나도록 해 준다. 그는 경청하고 동감하며 상대의 감정에 따른 반응을 보여 줄 것이다.

사교형은 사람들과의 관계에서 즐거움을 찾는 선천적으로 유쾌한 친구들이다. 그들은 일을 벌이는 것을 즐기되, 종종 마무리를 제대로 짓지 못하고 흐지부지 끝내기도 한다. 때로 그들은 공 3개를 공중에 던지고는 갑자기 「받아!」 하고 외치기도 한다. 감성적이고 열정적이며 낙관적이고 친근함을 중시하는 사교형은 따분한 분위기도 밝게 만든다.

아무거나 하나의 유형을 선택하라

4가지 핵심 유형에 대한 개괄적 소개를 다 숙독했다면, 이제 당신의 유형에 가장 근접한 것이 어떤 것인지 판단할 수 있을 것이다. 당신이 당신답게 행동할 때, 당신의 핵심적 행동유형들도 자연스럽게 드러난다.

우리들은 모두가 지시형, 사교형, 관계형, 사색형 중의 한 가지를 선천적인 행동유형으로 지니고 있다. 행동유형은 우리가 사람들을 만날 때나 과업을 처리할 때 반복되는 언어적, 음성적, 시각적 습관에서 두드러진다. 그것은 대부분의 시간 동안 우리가 가장 편하게 행하는 방식이기도 하다. 이러한 패턴은 근무처가 아닌 데처럼 자신에 대해 아무런 기대치를 갖지 않는 곳에서도 잘 나타난다. 예를 들면 나의 자연스러운 행동 패턴을 관찰하는 재미있는 방법으로 내가 바라는 이상적인 휴가 경험을 상상해 보는 것도 좋을 것이다.

이 유형을 아는 사람들에게도 적용해 보았는가? 어쩌면 당신은 자신에게 가장 잘 맞는 유형을 선택하기 전에 여기에 제시된 각 성격 유형에 가장 잘 어울릴 것으로 보이는 누군가를 먼저 떠올렸을지도 모른다. 그 중에는 당신과 조화를 이루는 사람도 있을 것이고, 「비위를 어지간히도 거스르는」 사람도 있을 것이다. 이제 당신의 유형을 도출해냈으므로 다른 사람들의 유형도 정확히 판단할 수 있을 것이다. 당신 자신에 대해 알게 된 사실과 타인들에게서 관찰 또는 배우게 된 사실을 결합시키면 비로소 효과적인 인간 관계 수립을 위한 소중한 정보가 드러날 것이다.

하지만 우리가 행동유형을 후천적으로 「습득해 가고」 있다는 점도 주목해야 한다. 사실 이 4가지 유형에 분명하게 들어맞는 사람들은 전 인류의 15% 정도 밖에 안 된다. 우리들 대다수는 삶의 경험에 대응하여 터득해 온 부차적인 유형을 갖고 있다. 이렇게 후천적으로 습득된 유형들은 각각의 직무 환경에서 만족스러운 업무수행이 요구하는 기대치에 대응할 때 적극적으로 활용된다. 부차적인 성향은 광범위한 기대치를 갖는 역할에서 효과적인 기능을 하기 위해 필요한 것이기도 하다. 따라서 중요한 것은 언제든지 —— 특히 중압적인 상황에서 —— 한 가지의 유형이 다른 유형들보다 두드러지게 나타날 뿐이라는 사실을 기억하는 것이다.

후천적으로 습득된 유형을 「제2의 천성」이라고 부를 수도 있다. 여기에는 자신의 핵심적 유형을 중심으로 하여 이에 부가해 온 다양한 경향들이 포함된다. 이렇게 혼합된 유형의 16가지 조합표는 다음 페이지에 「혼합 유형의 마스터 도표」라는 이름으로 소개되어 있다. 이중 최우선적인 욕구이자 개인이 바라는 최종 결과를 묘사하는 내

◎ 혼합 유형의 마스터 도표 ◎

주요 동인 (원하는 최종 결과)	두 번째 접근 방법 (개인적 유형/과정)			
	지시적	사교적	관계적	사색적
지시형 : 권한과 통제	지시형	모험형	생산형	개척형
사교형 : 인기와 위신	열정형	사교형	협력형	인상형
관계형 : 안정과 인정	수완형	조화형	관계형	전문형
사색형 : 개인 존중과 정확성	주도형	평가형	완벽형	사색형

용은 첫번째 항에 제시되었고, 나머지 항들은 각각 특정 유형에 대한 4가지 변인들을 묘사하고 있다. 예를 들면 지시형에도 순수 지시형이 있을 수 있고, 사교적 지시형(모험형)이 있을 수 있고, 관계적 지시형(생산형)이 있을 수 있다. 또 사색적 지시형(개척형)이 있을 수 있다.

다음 장부터는 사람들이 제시하는 언어적, 음성적, 시각적 신호에 집중하여 그 사람의 행동유형을 파악하는 법을 설명할 것이다.

제3장

언어적 · 음성적 · 시각적 단서의 인식

타인의 행동유형

이제 자신의 핵심적인 행동유형에는 어느 정도 정통했다고 보고, 다른 사람들의 유형을 인식해내는 방법을 알아보자. 상호 관계라는 것도 사실상 각 행동유형 사이의 적절한 교류에 달려 있는 것이니만큼, 최우선적인 질문은 다음과 같을 것이다.『누군가의 행동유형을 알아 내는 방법은 무엇인가? 또 어떻게 해야 최대한 빠르게 알 수 있을까?』

이에 대해서는 다음 페이지에서「개방성과 직접성의 차원」이란 제목의 그림이 타인의 행동유형을 인식하는 데 있어 중요한 축을 이루는「직접/간접」과「개방/자제」의 두 가지 차원을 보여 줄 것이다. 사실 우리 모두는 이러한 특성들을 관찰 가능한 행동 양식을 통해 일상적으로 보여 주고 있다. 그렇기는 해도 우리가 타인들의 핵심 유형을 판단하려면 그들의 행동을 집중 관찰해야 할 것이다. 이것은 다음과 같이 질문한다고 될 일이 아니다.『미안합니다만, 당신이 얼마나 직접성 또는 간접성을 가졌는지에 대해 정보를 주시겠습니까? 또는 얼마나 개방적, 아니면 자제적입니까? 당신의 행동유형을 이해하고 싶어서 그러거든요.』

또 추측한다고 될 일도 아니다. 더욱이 그런 식의 접근 방법은 쓸 필요도 없다. 사람들이 이미 많은 단서를 제공하기 때문이다. 다만, 이러한 단서의 인식도 그 방법만큼은 알아야 할 것이다. 누군가의 유형을 확인하려면 그의 언어적, 음성적, 시각적 정보에 주의를 기울이면서 어떤 행동을 보이는가를 관찰해야 한다.

언어 · 음성 · 시각적 단서

의사 소통의 언어적 수단으로는 사람들이 스스로를 표현할 때 통상적으로 쓰는 단어들 —— 내용 —— 이 포함된다. 음성적, 시각적 수단은 또 다른 두 가지 영역으로서, 전달 형식의 내용 —— 어떤 식으로 사람들이 말하고자 하는가 —— 을 포함한다.

◎ **개방형과 직접형의 차원** ◎

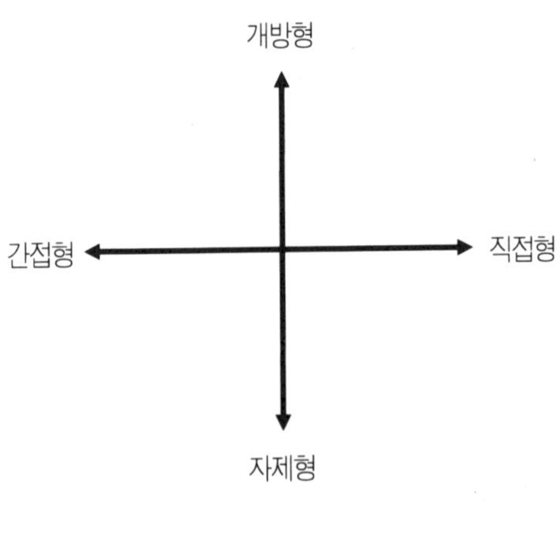

이것들 중 음성적 수단은 성량, 속도, 울림, 가락, 억양, 리듬과 같은 음조에 관한 모든 미묘한 국면들을 포함한다. 시각적 수단은 눈썹을 치켜올리는 사소한 것으로부터 전문 배우의 정교한 움직임에 이르기까지 신체 언어인 몸말(body language)의 모든 국면들 —— 일련의 움직임과 자세 —— 을 포함한다.

다음 항은 각 유형들에게서 관찰 가능한 행동인 언어적, 음성적, 시각적 특징들을 대략적으로 설명하기 위한 것이다. 주의할 것은 이 설명이 우리가 볼 수 있는 행동만을 다루고 있을 뿐이지 그들에 대해 흔히 갖기 쉬운 가치 판단은 결코 다루지 않는다는 점이다. 한 가지 예로 만일 누군가 제자리 뛰기를 한다면, 그는 화를 펄펄 내거나 못을 밟은 것일 수도 있고, 대단히 기뻐하는 것일 수도 있다. 확실하게 말할 수 있는 것은 오직 그 사람이 제자리 뛰기를 한다는 사실뿐이다. 왜 그러는지 알기 위해서는 좀더 많은 언어, 음성, 시각적 단서가 추가로 필요해진다.

(1) 그 사람은 직접적인가 간접적인가?

직접성은 행동 표현의 두 차원 중 첫번째 항목으로서, 어느 개인이 타인과 상황에 대해 영향을 끼칠 때 어느 만큼의 관련량(amount of involvement)을 보이는가를 말한다. 직접성은 사고, 감정, 기대치의 표현에서 적극적이고 외향적으로 행동하는 성향을 의미한다.

① 직접형인 사람

직접형인 사람들은 사교적 주도권을 쥐고 강력한 첫인상을 만들어 낸다. 그들은 단호하고 빠른 페이스의 사람들로서 빠른 의사 결정과 과감한 위험 감수의 태도를 보인다. 이들은 자신의 페이스에 맞추지

못하는 사람들에게는 조급함을 보인다. 또한 이들은 적극적 성격의
다변형으로서, 확신을 갖고 있고 때로는 지배형의 모습을 보인다. 직
접형 사람은 쉽사리 의견을 표현하고 강력한 진술을 서슴지 않는
다. 이들은 자신의 환경과 인간 관계를 적극적으로 형성해 간다.『크
리스에게 지금 즉시 이야기 좀 하자고 전해!』

　직접형인 사람들은 간접형 사람들에 비해 빨리 움직이고, 자신을
좀더 내세우며 보다 경쟁적으로 행동한다. 이러한 성향이 잘못될 경
우에는 경솔함, 호전성 또는 타인의 요구에 대한 무감각으로 나타날
수 있다.

　이 유형의 사람들은 쉽게 목청을 돋우고 말이 많으며 지배적 외향
성을 보인다. 그리고 언제나 자기 환경 내에 존재하는 관심사에 집중
한다. 쉽게 말해 이들은 행동을 원하는 것이다. 직접형은 간접형 사
람들보다 일하는 것이나 노는 것도 빠르게 한다. 사교적 모임이 있을
때는 주변에 영향을 미치려는 방식을 추구하기 때문에 언제나 제일
먼저 자기 소개를 한다.

　이들은 신속한 의사 결정을 선호하고, 일이 급히 처리되지 않거나
자기 뜻대로 진행되지 않으면 초조해 한다. 이들에게는 결함을 찾아
내기 위한 점검은 너무나 시간을 소모하는 것이고 번거로운 일이므
로 가급적 타인에게 맡기려고 한다. 또한 사실들을 점검하기보다는
새로운 영역으로 부지런히 뛰어다닌다. 실제로 이들은 너무나 많은
새로운 영역에 뛰어들기 때문에 상당 시간을 헛되이 날려 버리기도
한다. 이것이 왜 이들이 항시적인 민첩성을 보이지 못하는가에 대한
이유——언제나 다른 일이 발생하기에—— 이기도 하다. 이에 반해
서 보다 시간을 엄수하려는 간접형인 사람들은 쉽게 옆길로 새는 이
들이 다시 돌아올 동안 계획을 지속하거나 잡지 읽기로 시간을 보낼

궁리를 하는 것이다.

직접형 사람들은 위험을 즐기고 결과를 지금 당장 얻기를 원한다. 이들에게 위기는 하나의 생활 방식처럼 되어 있다. 이들은 배가 흔들리는 것에 대해서 별로 걱정하지 않을 뿐더러 일부러 배를 뒤집거나 바다에 마구 물살을 튀기기도 한다. 이들은 흥미로움에 굶주려 있으므로 그것을 얻기 위해 할 수 있는 모든 짓을 다 한다.

직접형 사람들은 대부분의 경우에 양이 질에 우선한다고(임의로 정한 한도까지는) 믿는다. 이들은 간접형 사람들보다는 실수에 대해서도 관대한 편이다. 이들은 성공 확률이 높지 않더라도 자주 노력을 기울인다. 이들은 대체적으로 성공의 횟수가 성공의 확률보다 중요하다고 믿는다.

텔레 마케팅(역주 telemarketing TV 등에 소개되는 제품을 전화로 구매하는 방식)이나 방문 판매에 종사하는 이 유형의 사람들은 후퇴를 성공으로 향하는 길의 장애물로 받아들인다. 그것은 이들이 「노」도 하나의 대답으로 생각하기 때문이다. 그들은 이 대답을 밖으로 나가서 더욱 많은 예상 고객을 확보하라는 뜻으로 받아들인다. 그들은 「예스」라는 대답이 어딘가에는 있다는 것을 알기 때문에 언제든지 그걸 파헤칠 준비를 갖춘다.

직접형들은 손가락으로 가리키거나 툭툭 치거나 또는 좀더 쉽게 관찰할 수 있듯이 양팔을 벌리거나 앞으로 내밀기——표현 그대로, 포옹이나 밀치기 위한—— 에 이르기까지 다양한 감정 표현을 한다. 이들은 언어적으로 열성적이며, 자신감 넘치는 음조와 단호한 신체 언어로 자신의 관점을 역설한다.

직접형 사람들은 확신을 갖고 말한다. 빠른 어투를 쓰며 상황에 대해서는 보통 묻기보다 말하기를 많이 한다. 만일 당신이 해답을 원한다면, 그들에게 물어 보기만 하면 된다. 심지어는 아주 무뚝뚝한 표현도 서슴지 않는다. 『이게 맞춤 양복이라고요？ 꼭 말에 씌우는 모포 같군요.』

직접형 사람들은 조급한데다 빠른 페이스로 인해 성급하게 아무데나 뛰어든다. 그로 인해 이들은 간접형 사람들보다 쉽사리 힘든 상황에 빠지기도 한다.

사이렌(역주 : Siren 그리스 신화에 나오는 바다의 요정)의 노래가 선원들을 유혹해서 죽음에 이르게 했듯이, 다양한 기회의 창문들은 언제나 지시형 사람들을 유혹하고 있다. 이곳에 들어서면 때로 큼직한 성과를 얻기도 하지만 극적인 파멸에 빠지기도 한다. 이런 성향으로 말미암아 어떤 결과가 발생하든지 간에, 일단은 자기 자신의 일을 처리하고 봐야겠다는 것이 이들의 천성이다.

기회의 창이 갑자기 어느 순간 활짝 열릴 때, 지시형들은 참지 못하고 누군가에게 알려야 한다. 그래서 그들은 자신의 말을 적극적으로 들어 주는 사람 —— 대개가 간접형 —— 을 찾아가서 이렇게 말한다. 『드디어 애매모호한 곳을 찾아 냈어！』

간접형 사람들이 이런 사람들에게 과연 어떤 피드백을 제공해 줄 수 있을까？ 『흥미는 있는데, 또 다른 문제점들도 생길 수 있을 걸세. 누군가에게 의견을 물어 본 적이 있어？ 이를테면 자네 상사에게라도.』

그러면 지시형 사람들은 이렇게 대답할 것이다. 『상사에게 뭘 묻는다고？ 그만둬. 그러다가 「안 돼」라는 대답이라도 나오면？ 내 양팔이 꽁꽁 묶일 텐데.』

이런 상황에서 지시형 사람들의 좌우명은 이렇다. 『허락을 받느니 용서를 구하는 것이 낫다. 잘 모를 때는 일단 해 놓고 생각하라. 사과는 나중에 해도 늦지 않다.』

② 간접형인 사람

　연속선의 반대쪽 끝에는 간접형 사람들이 보다 조용하고 얌전하게 자리를 지키고 있다. 이들은 대체로 무리 없이 행동한다. 이들은 말하기보다는 묻거나 듣기를 많이 하면서, 대체로 자신의 의견 표현을 보류한다. 분명한 입장을 밝힐 것을 요청받아도 우물쭈물거린다. 이들은 대체로 객관적이고 침착하며 우유부단한 듯이 보인다. 극단적인 경우에는, 이들의 긍정적인 특징도 부정적인 행동으로—— 흐리멍덩하다거나, 입이 무겁다거나, 단호하지 못한 것으로—— 비칠 수 있다. 간접형 사람들은 직접형에 비해서 덜 투쟁적이고 덜 까다로우며 덜 단호하고, 사교적으로 덜 경쟁적이다. 이 유형의 사람들은 팀워크를 중요시하고, 사교적 주도권 같은 것을 다른 사람들에게 넘긴다. 예를 들어 이들은 어딘가를 가고 싶어하더라도, 직접적으로 자신의 생각을 남에게 밝히기보다는 누군가가 자신의 의견을 유도해 주기를 바란다.

　간접형 사람들은 안전 민감형이다. 이들은 천천히 움직이고, 결정 앞에서는 심사숙고하며 큰 위험은 피한다. 그 결과, 과감한 기회나 자발적 행동을 택하는 일을 자제한다. 「어떤 방법이 실패하지 않는 것인가?」를 추구하는 것이다. 만일 자신의 행위가 개선을 가져온다는 확신이 들 때까지 꼼짝도 하지 않겠다면, 그는 오로지 확실한 일만 하는 셈이다. 따라서 간접형 사람들은 높은 성공 확률을 갖게 된다. 성공의 횟수 나누기 시도한 횟수를 성공률이라고 할 때, 한 달의 기간이 주어져서 간접형 사람들이 10가지의 일을 시도했다고 해 보자. 그 중 9번은 성공적이고 1번은 성공을 거두지 못할 것이다. 90%의 높은 성공률을 보이는 것이다.

　간접형 사람들은 「노」란 대답을 인간적인 거부로 받아들이기 때문에 밖으로 드러나는 불상사를 겪지 않도록 여러 가지 대안들을 검토한다. 『우선 광고 우편물을 보내고 전화로 사후 상담 처리를 한다면 「예스」란 대답을 얻을 확률도 높아지겠지?』

간접형 사람들은 실패를 겪으면 일단 후퇴한다. 그래서 내면화 과정을 밟으며 개인적으로 그것에 대해 심사숙고하고 무엇이 잘못되었는지 반성해 보려고 한다. 이들에게 어떤 일이 잘못되었다고 지적한다면, 이 얌전한 친구들은 며칠씩이고 부정적인 혼잣말을 중얼거리며 지낼 것이다.

간접형 사람들은 느리고도 조절된 페이스를 지킨다. 그들에게는 「결국에는」이라는 단어만으로 충분하다. 그들이 변화를 생각할 때는 더욱 주의 깊고 안정 중심적 성향으로 변해서 말하기와 대답하기가 한없이 느려진다. 이 행동이 너무 조절적인 태도로 보일 경우, 이들을 비방하는 사람들(대개 직접형 사람들)의 눈에는 정체적이고 관심 부족증인 것으로 비칠 것이다.

이들은 예견 가능성이 무엇보다도 중요하므로 언제나 일의 앞뒤를 고찰하고, 세부 사항에 주의를 기울이고, 다양한 관련 사실들을 찾아내려고 한다. 확실한 지침이 없는 상태에서 애매모호한 상황에 처하면, 행동에 앞서 항상 분명히 해 줄 것을 요구하거나 허락을 구한다. 이들은 환경의 요구에 부응하는 것만으로도 만족감을 느낀다. 전반적으로 간접형은 기존의 형식과 규칙에 의거하여 움직인다. 만일 당신이 간접형 사람과 약속을 했다면, 그는 항상 제시간에 도착하거나 먼저 나와서 기다릴 것이다.

간접형 사람들은 진술보다는 질문을 통한 의사 소통을 즐긴다. 그들의 질문은 보다 많은 정보를 밝히고 지원하며 추구하기 위한 것이다. 『그러니까 그 말씀이 무슨 뜻이죠?』 그들은 제한적인 진술을 선

호한다. 『저의 자료에 의하면 그 후보자는 비공인 대학교에서 석사
학위를 받았다고 하는군요』 그들은 무척 조심스럽게 이야기하고, 빙
둘러 말하거나 단계적인 접근 방식을 사용한다. 『글쎄요, 제 생각으
로는 그것이 이러하다고 보여지기도 하네요』 무엇인가 마음에 들지
않아도 희미하게 표현한다. 『어떨까요. 저쪽 옷이 더 어울리지 않을
까요?』 그들은 자신의 의견을 표현할 권리를 유보하거나 마음 속에
간직해 둔다. 하지만 밝히고 싶지 않은 사실에는 바위처럼 입을 다물
기도 한다.

　누군가 당신을 신경쓰이게 하는 사람을 한 명 생각해 보자. 이제
당신이 직접형과 간접형의 특성에 대해서 확실히 알게 되었다고 한
다면, 어떤 것이 그 사람의 성격을 잘 표현하는 것인지 알 수 있다.
한 가지 중요한 고려 사항은 그 사람이 선호하는 페이스를 파악하는
일이다. 페이스란 선천적인 속도 감각—— 일을 빨리 또는 느리게
하는가의 여부—— 을 말한다. 직접형 및 간접형에 대한 페이스와
기타 특징들을 기억해 두고, 그 사람이 직접형인지 아니면 간접형인
지를 판단하도록 하자. 중요한 것은 사람에 따라 직/간접형의 연속선
위의 다양한 지점에 놓일 수 있다는 점이다.

　때로 우리는 직접형과 간접형 중 어떤 유형이 더 좋은 것인지 궁
금해 할 수도 있다. 이에 대해 밝혀진 확실한 답은 「상황에 따라 다
르다」는 것이다. 어떤 경우에는 직접적 행동이, 또 다른 경우에는 간
접적 행동이 좋을 수 있다. 두 가지를 비교하는 것은 마치 샌디에이
고와 뉴욕 중 어떤 도시가 더 좋은가를 비교하는 것과 같다. 두 도시
는 서로가 너무도 판이하기 때문에 사람의 선호도에 따라 강력한 논
쟁이 벌어질 것이다.

　적절성이란 상황이 요구하는 것에 따라 달라진다. 진짜 문제는 오

◎ 직접형과 간접형 행동 요약 ◎

여기서 직접성이란 개인이 정보와 상황을 어떻게 처리하는가에 관련된다.

간접적 행동

위기, 의사 결정, 변화 등에 느리고 조심스럽게 접근한다.
그룹 토의에 공헌하는 횟수가 적다.
제스처와 음조 변화를 드물게 활용한다.
제한적인 진술을 자주 한다(예 ;『제 생각이지만 …일 것 같아요』).
중요한 요점은 자세한 내용 설명을 곁들인다.
확실성, 지원, 정보를 위한 질문을 한다.
의견의 표현을 보류하며 인내를 보이고 협조적이며 외교적이다.
다른 사람들이 스스로 소개해 줄 때까지 기다린다.
악수를 부드럽게 한다.
눈맞춤(Eye Contact)을 이따금씩 한다.
기존의 규칙과 정책을 따른다.

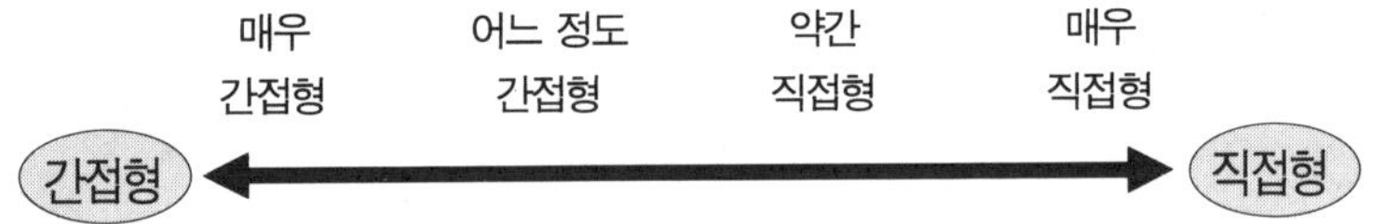

직접형 행동

위기, 의사 결정, 변화에 빠르고도 자발적으로 접근한다.
그룹 토의에 공헌하는 횟수가 많다.
제스처와 음조 변화를 자주 사용한다.
단호한 진술을 자주 한다(예 :『분명히 …입니다』).
중요한 요점은 목소리와 제스처를 동원한다.
수사학적인 질문을 한다.
언제든지 의견을 제시한다.
조급하고 경쟁적이며 투쟁적이다.
자기 스스로 소개하며 악수를 힘차게 한다.
눈맞춤(Eye Contact)을 지속적으로 한다.
기존의 규칙과 정책을 뜯어고친다.

히려 어떤 접근법이 좋은가 하는 차원보다는 각 특징의 긍정적인 측면을 최대한으로 활용하면서 그것에 부수적으로 따르는 미개발적 요소들을 아울러 지각하는 점일 것이다. 우리의 삶이란 다양한 응답을 요구하는 상황에 관련되어 있기 때문에 단 한 가지의 최상의 성격 유형이란 있을 수 없다. 중요한 것은 사람들의 선천적 특성을 극대화하면서, 이에 따른 결점을 이해하고 극소화하도록 노력하는 것이라고 할 수 있겠다.

(2) 그 사람은 개방적인가 자제적인가?

직접형인가, 간접형인가에 부가해서 일상 행동을 묘사하는 또 다른 중요한 차원인 개방형과 자제형 중 어떤 것인지 판단해야 한다. 직접형과 간접형은 사람들의 관찰 가능한―― 남들이 그의 행동을 어떻게 보고 듣는가에 따른―― 행동을 묘사하는 것이다. 이에 비해 개방형과 자제형은 이러한 일상 행위 뒤에 숨겨진 동기 자극적 목표―― 왜 그들은 현재 하는 식으로 행동을 하는가―― 를 설명하기 위한 것이다. 이들 두 차원이 조합되었을 때, 우리는 두 가지 국면을 밝혀 낼 수 있다. 그 하나는 특정인이 얼마나 많이 자신의 생각과 감정을 드러내는가, 다른 하나는 남들이 자신의 생각과 감정을 표현할 때 앞의 특정인은 얼마만큼 이를 지원해 주는가에 관한 것이다.

① 개방형 사람들(지원형)

개방형 사람들은 다양한 몸짓을 보이며 보다 많은 억양 변화와 끊임없는 눈맞춤을 활용하고, 감정의 투영이란 측면에서 자제보다는 개방적 태도를 보이며 말한다. 이들의 대응성을 보여 주는 다른 개방적 단서로서는 생기 있는 얼굴 표정, 많은 손동작과 몸동작, 시간에 대한 융통성, 동작을 통한 즉각적인 반응 등이 있다. 개방적 사람들은 이야기하기를 좋아하고 사람들과의 접촉을 즐긴다.

개방적 사람들은 자제형 사람들보다 대화의 일탈에 대해 훨씬 관대하다. 그들은 대화가 즐거워야 한다는 생각을 하기 때문에 주제에서 벗어나 개인적 경험을 토론하는 것도 호의적으로 생각한다. 무엇인가 약간의 관련성만 있어도 그 나름대로의 적절성이 있다고 보는 것이다. 또한 세부 사항을 과장하는 것은 자신들의 경험을 풍부하게 묘사하는 재미를 가져다 준다고 본다.

개방형 사람들은 자제형 사람들보다 시간에 대해 훨씬 많은 협상의 여지를 둔다. 그들의 시간 관념은 사람들에 대한 욕구를 우선으로 하고 과업은 그 다음으로 구성되어 있다. 따라서 다른 사람이 자기 시간을 어떻게 쓰는가에 대해서 자제형보다 훨씬 탄력적이다.

물론 과도한 행동들이 모두 그렇듯이 개방형의 특성들도 절제를 벗어날 경우 사람들을 괴롭힐 수 있다. 예를 들어 과도한 자기 노출은 화제 빈곤으로, 화제 일탈은 방심으로, 생기 있는 표정은 멜로 드라마로, 순종적 태도는 연약함으로, 친근성은 선심쓰는 척하는 행동으로 변질될 수 있다. 어떤 성향에서건 과도함은 부담이 된다.

② 자제형 사람들(통제형)

개방적 유형이 펼쳐진 책과 같다면, 자제형은 포커 페이스로 묘사될 수 있다. 자제형 사람들은 우위를 점할 수 있는 확률을 높이고 바보처럼 보일 만한 가능성을 줄이기 위해 조심스럽게 행동하며 쉽게 마음을 터놓지 않는 사람들이다. 이들은 대개 신체적, 정신적으로 일정 거리를 두기를 좋아한다. 자제형들은 남과 접촉하는 것도 접촉을 당하는 것도 싫어한다. 당신이 이들과 친해지려면 그들의 외부의 껍

질을 뚫는 과정부터 익숙해져야 할 것이다. 당연한 것이겠지만, 자제형들은 악수도 거리를 두고 한다. 이들은 사람 사이의 공간과 영역 감각에 대해 매우 민감하다.

자제형 사람들의 얼굴 표정은 거의 변화가 없다. 몸과 손동작은 통제되어 있고, 시간이 엄격하게 정해진 일정에 맞춰 행동한다. 이들은 관련 사실과 세부 사항을 추구하고 현안과 과업에 집중하며, 개인적 감정은 유보해 둔다. 개방적 유형의 사람들처럼 동작을 통한 반응을 보이는 일도 드물다.

자제형 사람들은 일의 완수에 우선권을 둔다. 이들은 사람과 함께 사람을 위해서 일을 하기보다는 과업과 함께 사람을 통해서 일하기를 좋아한다. 이들의 패턴을 잘 보여 주는 두 가지 문장이 있다면 다음과 같을 것이다. 『로빈, 지금은 곤란해. 두 시까지 마쳐야 할 일이 있거든』『나중에 시간이 나게 되면 연락해 드리죠』

자제형 사람들은 틀이 정해진 환경 내에서 결과를 기대하기 때문에 일정한 구조를 좋아한다. 이들이 동기가 잘못 부여되면 위압적이고 제한적이며 건방지게 보일 수도 있다. 이 유형은 일정에 따라, 그것도 스스로가 정한 일정에 따라 움직이기를 좋아한다. 이들은 선천적으로 독립적인 직업인으로서 자신의 과업에 관련된 조건들을 통제—— 직접 입력하고 결과를 얻든가(직접성), 과정을 통하든가(간접성)—— 하려 한다. 직접적인 자제형 사람들은 사람들을 통제하고, 간접적인 자제형 사람들은 환경을 통제한다.

자제형 사람들에게 시간은 돈이기 때문에 타인이 자기 시간을 활용하는 것에 대해서도 엄격하다. 어떤 측면에서 본다면 이런 경향은 개방형 사람들이 그렇듯이 보여 주고 토의하며 여러 생각과 감정에 귀를 기울이려 하지 않는 이들의 성향을 설명해 주는 것이기도 하다. 이들은 보다 사실주의적이고 사람과 상황에 대해서 고정된 기대치를 갖는다. 개방형 사람들에게 사실이 부차적인 문제이듯 자제형 사람들에게는 감정이 부차적인 문제이다. 개방형 사람들이 관심사와 감정 상태(자기 것과 남의 것 모두)에 초점을 맞추고 그것에 대응해 가며 삶을 영위하는 것처럼 자제형 사람들은 문제가 되는 주제와 사고에 집중하며 삶을 영위한다고 할 수 있다.

자제형 사람들은 대화가 어떤 목표로 진행되는지 알고 싶어한다. 한가하고 방향성 없는 잡담은 이들의 몫이 아니다. 개방형 사람들이 현재의 주제에서 쉽게 빠져 나가는 동안, 자제형 사람들은 그것을 다시 본궤도에 올려 놓는 방법을 찾아 낸다. 이들은 다음 소재로 넘어가기 전에 항상 당면한 것을 분명히 종결짓기를 원한다. 만일 당신이 주제에서 벗어난다면, 이들은 이렇게 질문할 것이다. 『다시 한 번 정리해 주시겠습니까?』『그러니까 지금 말하려는 요점이 무엇입니까?』

자제형 사람들은 우선권의 차이로 말미암아 개방형 사람들을 시간 소모적이며 흐리멍덩한 사람들이라고 인식하기 쉽다. 또 개방형 사람들은 자제형 사람들을 차갑고 매정하며, 자기 몰입적인 사람이라고 생각하기 쉽다. 그 결과, 두 유형의 사람들이 자기와 다른 유형을 인정하고 이에 대응하지 못할 때는 상호 오해도 급속히 증대한다. 여기서 또 우리는 개방형, 자제형 중 어느 것이 좋은가 하는 궁금증이 생길 것이다. 다시 한 번 말하거니와, 그것은 「상황에 따라 다르다」. 직접형, 간접형의 경우와 마찬가지로 오로지 현존 상황이 각 행동유형의 적절성을 결정지을 뿐이다. 우리는 두 가지 성격 패턴 모두에 함정이 있다는 사실을 인식해야만 자신과 동료, 사교 단체, 조직 내외부의 다른 사람들에게 영향을 끼칠 수 있는 많은 문제점들을 피할 수 있을 것이다.

개방형 사람들이 주의를 기울이는 것이 전혀 기울이지 않는 것보다 낫다는 생각을 하는 동안, 자제형 사람들은 관계할 사람들에 대해서 보다 선별적 태도를 취하는 것이 좋다는 생각을 한다. 그들은 제한적인 감정 상태에 훨씬 편안함을 느낀다.

뜻하지 않은 상황이 발생할 때, 개방형 사람들은 과업 완수를 하지 못하더라도 다른 사람들의 감정을 보전해 주려 한다. 자제형 사람들은 마치 업무 완수에 감정을 비용으로 치르듯이 기분을 다치는 일이 있더라도 업무부터 끝내고 싶어한다. 그렇다고 개방형이 자기의 일을 책임성 있게 하는 것에 대해 가치를 인정하지 않는다는 말은 아니다. 다만 가장 중요한 관심사가 사람이라는 것뿐이다. 마찬가지로 자제형 사람들이 다른 사람들의 가치를 인정하지 않는다는 것은 아니며, 보다 통제적인 행동유형이 사람들을 다루는 가장 좋은 방법이라고 생각한다는 것뿐이다.

유형의 도출

4가지의 행동유형 —— 지시형, 사교형, 관계형, 사색형 —— 은 직접/간접형과 개방/자제형이라는 차원에 의거하여 도표화할 수 있다. 지시형은 직접형과 자제형(통제형)이 겹치는 4분면에 들어선다. 사교형은 직접형과 개방형(지원형) 두 가지에 의해 분류되고, 관계형은 간접형과 개방형(지원형)의 경향을 띠고, 사색형은 간접형에 자제형(통제형)적인 모습을 보인다.

개인의 행동유형에 대한 확인은 이들을 제거해 나가는 과정을 밟으면 된다. 만일 어떤 사람이 간접형보다는 직접형에 가까울 때는 관

◎ 개방형과 자제형 행동의 요약 ◎

• 개방형 행동(지원형)

개방형

감정을 자유롭게 드러내고 공유한다.
감정에 기초한 의사 결정.
대화 중 종종 일탈.

매우
개방적

남들과 일하기 좋아함.
육체적 접촉을 주도하거나 적극적으로 수용함.
사귀기 용이함.
편안하고 따뜻함.
친근성 있는 악수
동작을 통한 반응을 쉽게 보인다.

약간
개방적

꿈, 비전, 의견 등에 반응을 보여 준다.
많은 열정
타인의 시간 활용에 대해 관대함.

• 자제적 행동(통제형)

약간
자제적

감정의 노출과 공유에 조심스럽다.
증거에 기초한 의사 결정.
대화에서는 주제와 과업에 집중
독자적으로 일하기 좋아함.
육체적 접촉을 피하거나 최소화한다..

매우
자제적

사귀기 힘듦
조심스럽고 격식적인 태도
격식을 갖춘 악수
동작으로 반응을 보이는 일이 드물다.

자제형

현실, 경험, 사실에 대해 반응을 보인다.
그리 많지 않은 열정
다른 사람들의 시간 사용에 엄정함.

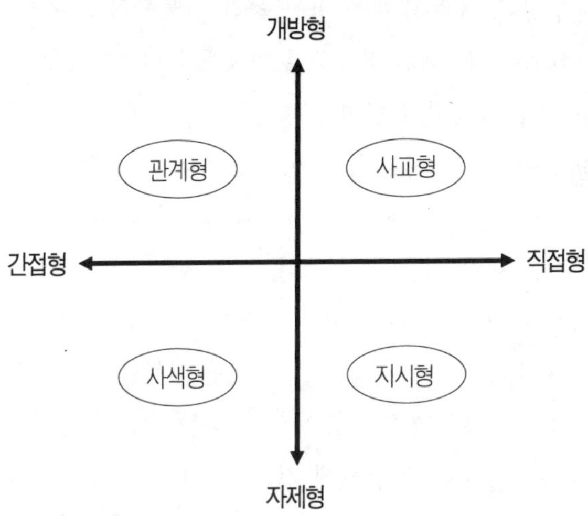

계형과 사색형을 제거(모두 간접형이므로)한다. 만일 그가 자제형보다 개방형에 가까우면 지시형을(이것은 자제형에 가까우므로) 제거한다. 이 경우 남은 것은 사교형이 될 것이다.

(1) 이 사람은 어떤 유형인가?

당신이 어떤 여성 고객과 만나기로 했는데, 그녀의 비서가 약속 시간을 아침 10시 10분으로 정했다고 하자. 그 고객은 당신이 대기실에서 기다리고 있는 것을 보고 공손하면서도 다소 형식적인 미소로 응답한다. 그 다음 자기 비서에게 몇 가지 상세한 지시를 한다. 그녀가 보여 주는 행동적 단서로서, 흠잡을 데 없이 옷을 차려 입은 것이 눈에 띈다. 이윽고 그녀는 당신에게 부드럽게 미소지으며 자기를 따라 사무실로 들어오라고 한다. 그녀는 당신에게 앉을 곳을 가르쳐 주고 시계를 살핀 뒤 말한다. 『15분 정도 이야기할 수 있겠군요.

시작합시다.』

그녀는 당신이 제품 소개를 하는 동안 박물관의 조각처럼 아무런 움직임 없이 듣는다. 어떤 감정도 보이지 않는다. 이따금씩 구체적인 사실을 물어 오며 당신의 답변을 평가하듯 듣는다. 그 뒤 토의를 자기의 관심 분야로 연결시킨다. 당신에게 좀더 남아 있을 것을 요구하고는 시간, 스케줄, 비용에 관한 질문에 대해 구체적 답변을 해 주자 그제서야 직접 세일즈를 종결짓는다.

여기에는 그 고객의 행동유형을 판단할 수 있는 많은 단서들이 제시되고 있다. 우선 그녀의 직접형, 간접형 여부를 알아보도록 하자. 여러 면에서 그녀를 직접형으로 봐야 한다는 점은 확실하다. 왜냐하면 그녀는 대화를 이끌고 문제에 정면으로 대응하며 당신과 함께 상황을 통제하려 하고(시작할 시간, 앉을 곳, 토론할 내용), 그녀 스스로 판매를 종결지었다. 이 모두가 직접성에 관련된다. 다음으로 그녀의 개방형 또는 자제형 여부를 살펴보자. 그녀는 시간에 대한 엄격함, 사실과 과업 지향성, 형식성, 표정 없는 얼굴이란 특성에 따라 자제형으로 구분되는 것이 적당하겠다.

이상의 행동유형 규정의 두 가지 측면을 합친다면, 지시형과 자제형의 조합이란 등급이 도출된다. 두 가지의 분류 항목에 의해 그 고객은 지시형임이 분명하다.

한 번 더 연습해 봅시다!

당신은 아침 8시 30분부터 세미나를 개최할 것이고, 그에 앞서 8시에 가벼운 다과회를 가지려고 한다. 당신이 7시 45분에 도착하자, 첫번째 참석자가 벌써 자리에 앉아 있다. 그녀의 옆에는 노트와 필기도구가 놓여져 있다. 그녀는 당신이 다가가도 아무런 말을 하지

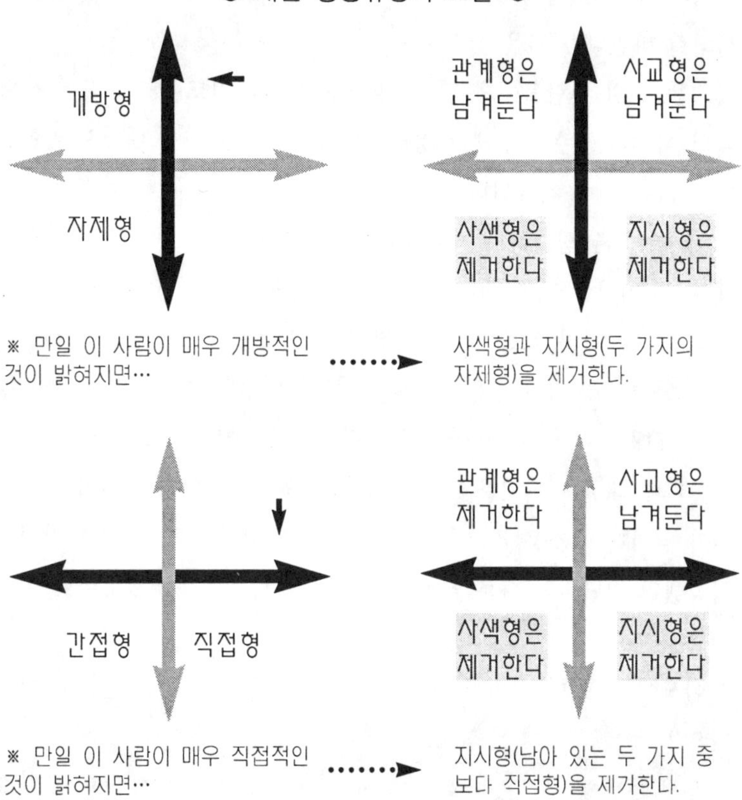

않고 있다가 조용히 악수에 응답했다.

　그녀는 아주 무심한 표정으로 앉아 있다. 몇 가지 질문을 던지자, 공손하면서도 짤막하게 답변한다.

　8시 15분이 되자 몇몇 사람들이 참석했는데, 한 사람이 머뭇거리며 들어오더니 부드럽게 묻는다. 『죄송합니다만, 이곳이 영업사원을 위한 트레이닝 세미나가 있는 곳입니까?』

　그렇다는 대답을 듣자, 그는 가볍게 한숨을 쉬더니 안으로 들어서서 한 잔의 커피를 마시며 이 세미나가 재미있고 유익한 내용으로 진행되길 바란다는 말을 했다.

그는 주위 사람들에게 몇 가지 질문을 던지기도 하고, 다른 사람들의 이야기를 주의 깊게 경청하기도 했다. 그는 그룹 내에서 역할연기를 하는 것이 걱정된다는 말도 했다.

이 때 다른 참가자가 성큼성큼 걸어 들어와서는 묻는다. 『안녕하세요. 여기가 세일즈 세미나 하는 곳인가요?』

그렇다고 하자, 그는 다소 과장이 섞인 몸동작으로 안심했다는 표시를 하고는 커피를 주문한 뒤, 자기는 그 「검은 마약」을 마시지 않으면 제대로 머리가 돌아가지 않는다는 말을 했다. 그는 누군가가 역할연기에 대한 이야기를 나누는 것을 알고는, 이야기에 끼여들어 자기가 얼마나 그것을 하고 싶은지 모른다고 말했다. 그리고는 자기가 참석했던 지난번의 다른 역할연기 과정에서는 무척 당황했다는 이야기를 했다.

이상에서 볼 때 첫번째 사람은 어떤 유형일까? 두 번째는? 마지막은?

우선 첫번째 사람은 대화에 흥미가 없고 절제된 제스처를 보인 걸로 보아 간접형일 것이다. 이것은 그녀의 유형이 관계형이거나 사색형임을 의미한다. 그 다음 그녀는 자신의 감정과 환경에 대해 통제성을 보이므로 개방형보다는 자제형에 가깝다. 간접형에 자제형 사람이라면 사색형으로 볼 수 있다.

두 번째 참가자는 부드러운 목소리에 설명을 원하는 질문을 던지고 세미나가 시작되기 전에 잠시 망설였다. 이 모든 단서는 간접형 패턴(사색형 또는 관계형)에 집중된다. 그는 개인적 감정에 대한 정보를 얻고자 했고, 한숨과 간단한 이야기라는 빠른 반응도 보여 주었다. 이는 개방형의 특성이다. 따라서 이 사람은 관계형이다.

세 번째 참가자는 그의 대답 속도와 빠른 움직임과 많은 대화량을 통해 직접성(지시형 또는 사교형)임을 보여 준다. 또한 많은 이야기와 신속한 반응을 통해 개방형의 전형적 행동도 보여 준다. 이것들은 모두가 사교형의 특징들이다.

다음 장에서는 보다 상세한 묘사와 함께 사무실에서의 관찰 가능한 특성들에 주목하면서 각 유형들을 구분하는 방법을 제시할 것이다.

사무실에서의 성격유형 판별방법

사무실의 지시형

지시형인 사람의 사무실에 들어서서 주위를 둘러보라. 전반적인 분위기가 권위와 통제를 상기시킴을 알 수 있다. 각종 계획안과 서류들이 책상을 덮고 있고, 모두가 정리되어 쌓여 있다. 미결 및 기결 분류함들은 일거리로 가득 채워져 있다. 지시형 사람들은 주위에 트로피, 상장 및 자신의 성과에 대한 증거물들을 늘어놓는 경향이 있다. 사무실의 거의 모든 것은 분주함, 북적거림, 격식, 힘 따위를 암시한다. 이 유형의 사람은 통상 「권력의 책상」으로 알려진 거대한 구조물 뒤에 대형 의자를 놓고 앉기를 좋아한다. 이러한 책상은 「난 거물이야」라는 내용을 묵시적으로 전하는 효과 외에도 방문객들을 자기로부터 멀찍이 떨어뜨려 분리시키는 효과가 있다.

(1) 벽을 주시하라

지시형의 사무실 벽을 보면 각종 졸업장과 추천장, 표창장 등 성공을 보여 주는 증서들이 걸려 있을 것이다. 한쪽 면은 번갈아가며 추진 중인 여러 가지 계획들의 진척 상황을 보여 주는 대형 계획표나 일정표가 있을 것이다. 만일 지시형들이 가족 사진을 갖고 있다면, 직접적으로 눈에 뜨이지 않는 곳에 걸어 두었을 것이다. 이 유형 사람들에게 사무실은 일하는 곳이니만큼 신경을 다른 데 쏟게 하는 물건은 적을수록 좋기 때문이다.

(2) 관찰 가능한 성격적 특성

지시형들은 끊임없는 활동을 좋아하므로 이들이 한가롭게 있는 모습은 거의 보기 힘들다. 이들은 기존 과업들을 제쳐 놓고 항상 새로운 과업을 찾아 낸다. 이들은 경쟁할 때 생기를 얻고 엄청나게 빡빡한 스케줄 속에서 활기를 얻는다.

이 유형의 사람들이 자신의 일정에서 당신에게 할애해 주는 시간은 아주 적다. 따라서 이들은 당신에게 자신의 시간이 극히 제한되어 있음을, 그것도 직접적으로 알려 준다. 때로는 시선을 끊임없이 다른 곳으로 돌리거나 당신을 앞에 두고 전화를 받거나 해서 자기가 얼마나 바쁜가를 과시한다.

지시형 사람들은 가시적인 목표를 추구하며 신속하게 움직인다. 이들은 주위에 있는 사람들은 아랑곳하지 않는다. 때로는 그렇게 한다는 사실조차 깨닫지 못한 채 무뚝뚝하게 굴거나 퉁명스럽게 대한다.

스트레스를 받으면 조급함을 참지 못해서 다른 사람들을 밀어 젖히고 목표한 바에 덤벼—— 직접 보고서를 완성한다든지, 선착순일 때 첫번째로 도착하려고 한다든지, 약속 때문에 사무실 밖으로 뛰어나간다—— 들기도 한다.

급박한 상황에서는 때로 수완을 발휘해서 해결하기도 한다. 하지만 시간적 제한에 부닥치면 종종 조급함을 못이겨서 사실을 무시하고 경험에 의한 추측이나 짐작에 의존하기도 한다.

지시형들은 대체로 편안한 옷을 좋아하고 다른 유형들보다는 외모에 대해 신경을 덜 쓰는 편이다. 이들은 우선적으로 결과를 향해 자신을 조절해 나가기 때문에 의상 따위는 대개의 직무 분야에서 부차적인 역할을 차지할 뿐이다. 지시형 사람들은 그럴 수만 있다면 자신의 개인 사무실에서 자기를 위해 의상을 골라 주거나 치수를 재 줄 수 있는 시간 절약형의 쇼핑 대리인이나 양복 재단사들을 활용하고 싶어한다.

이 유형의 사람은 권위의 상징물을 선호하는 경향이 있으므로 옷은 진한 감색이나 회색의 양복을 즐겨 입는다. 이들은 때로 다른 사람들에게 직접 알리지 않고서 자신이 거둔 성과를 밝히고 싶어하기 때문에 성공과 권위를 나타내는 내용의 상징물들을 펼쳐 놓고 있기도 한다.

지시형에서 관찰 가능한 특성		
언어적	음성적	시각적
• 묻기보다는 진술 • 듣기보다는 말하기 • 문서보다는 구두에 의한 대화 • 강력한 진술 • 퉁명스럽게 요점만을 전달	• 음성의 다양성을 최대한 이용 • 강력한 어조 • 언제든지 의사 소통 준비 • 풍부한 성량, 빠른 말투 • 도전적인 음조 변화	• 힘있는 악수 • 지속적인 눈맞춤 • 요점을 강조하는 제스처 • 조급함 • 빠른 움직임의 신체 언어

(3) 전화를 통한 단서

지시형들에게 전화할 때는 직접적인 개인 접촉과 같은 방식으로 그들을 대해야 한다. 이때 ABC 법칙 —— 요약(Abridged), 단축(Brief), 간결(Concise) —— 을 기억해서 지켜야 한다.

지시형에게 전달할 내용에는 항상 기본 이익에 대한 항목을 포함시켜 준비해야 한다. 예를 들면 이렇다. 『손님 업종의 최근 경향은 컴퓨터 그래픽 분야입니다. 이 분야에서 일하는 다른 인쇄 회사들을 대상으로 시행한 조사에 따르면 최근 2년간 20~30％의 이익률 상승이 있었습니다. 저에게 10분간 만날 시간을 내주신다면, 손님에게 그 내용에 관련된 수치들과 이 착상이 손님께 흥미 있는지 여부를 알아볼 수 있겠습니다만….』

지시형 사람들은 누군가에게 전화할 때, 인사 없이 막바로 대화로 뛰어드는 일이 흔하다. 『당신네 농담하는 거겠지. 경쟁사의 제품 출하로 우리가 망할 거라니 말야… 그건 그렇고 난 패트 사장이요.』 상대방이 이 지시형의 속도를 좇아오지 못할 때, 그는 무능한 것으로 간주된다.

당신이 전화상으로 그 전에 만나지 않았던 누군가와 통화할 때는 그가 힘의 신호(power signal)를 보내는지 여부를 판단하도록 하자. 지시형 사람들은 만날 시간과 장소에 대해 인색하다. 그들은 속기사들처럼 짤막하고 요점만 이야기한다. 목소리는 차갑고 자신만만하며 까다롭다. 예를 들면 어느 회사 사장 잰 씨가 거는 전화는 이런 식이다. 『케이시인가? 잰이네. 리는 있나?』

지시형인 사람과 대화하는 것은 마치 인간 전보에게 말하는 것과 같다. 이들은 다른 사람들의 이야기에 귀를 기울이지 않는 명령형의 발화자이고, 언제나 자신의 목표를 지향하도록 대화를 이끈다. 이들은 중압감을 받으면 방어적이거나 공격적 성향을 띠며, 다른 사람들을 공격해서 자기가 갖고 있는 힘을 보여 주려고 한다. 이들은 감상적 용어나 감각적 사고를 요하는 용어를 쓰기 싫어한다. 이를테면 『내 생각으로 이 계획은 내일 시행하는 것이 좋겠어』라든지 『이 토의는 끝난 것처럼 보이는군』 같은 식의 대화는 하지 않는다.

(4) 편지를 통한 단서

지시형이 보내는 편지들은 짧고 강력하며 요점 중심형이다. 이들은 대화나 중요 부분을 언급할 때도 장황한 설명은 피한다. 하지만 당신으로 하여금 사후 작업이 가능하도록 구체적 정보를 제공하기도 하고, 즉각적인 답변이 요구되는 질문을 던지기도 한다.

노트와 카드 내용도 짧게 작성하고 불필요한 감정 표현은 삼가한다. 많은 지시형들이 생일 또는 크리스마스 카드에 끝인사 없이 이름만 서명한 채 부치는 광경을 목격할 수 있다. 이에 반해 관계형과 사교형들은 「언제나 감사하는 …로부터」나 「애정과 함께 …가」 또는 「여불비례…」 등의 끝인사에 신경을 쓴다. 지시형 사람들은 가급적 많은 일을 수행하려고 하는 욕구 때문에 간결성을 지향한다.

사무실의 사교형

당신이 사교형의 사무실에 들어섰을 때 주위를 한 번 둘러보기만 하면, 비록 그 전에 한 번도 온 적이 없더라도 금방 판별할 수 있을 것이다. 앞에 나온 오스카 메디슨을 기억하는가? 그를 비롯한 모든 고도의 사교형 사람들은 책상 위에 온갖 서류더미들을 흩어 놓는다. 심지어 바닥까지 늘어놓기도 한다. 그들은 시각적 자극에 반응하는 형이므로 가급적 모든 것을 볼 수 있는 곳에 둔다. 그 결과 사무실 책상은 난장판에 전혀 체계가 없는 것처럼 보인다. 만일 누군가가 이들에게 필요한 물건을 어떻게 찾느냐고 물어 본다면, 각 물건들이 무질서한 가운데 나름의 질서가 있노라고 대답할 것이다.

(1) 벽을 주시하라

사교형 사람들은 대학의 교양 학과 수료증에서부터 동기 유발용의 경쾌한 슬로건, 평범한 격언, 자극적인 포스터까지 온갖 화려한 증서들을 전시하기를 즐긴다. 게다가 별다른 큰 의미도 없는 온갖 쪽지들이 여기저기 게시되거나 붙여져 있다. 사무실의 전반적인 장식 형태는 개방적이고 가벼우며 활발한 분위기를 보여 주고, 가구 정리는 따뜻함, 개방성, 친밀감을 드러낸다. 사교형 사람들은 대화 도중 책상 뒤 자기 의자에 앉는 일이 별로 없다. 그들은 보다 안락하고 접근성 있는 별도의 좌석을 선호하는데, 이는 남을 보다 잘 알려고 하는 그들의 목표를 충족시키기 위한 것이다. 사교형 사람들은 상대의 옆자리 또는 소파에 앉아서 상대의 반응을 보다 잘 보고, 듣고, 느끼고자 한다. 사교형은 다변형이고 신체 언어와 말하기를 혼합한 감정 노출 방식을 보여 준다.

(2) 관찰 가능한 성격적 특성

사교형 사람들은 감성적 용어를 사용해서 이야기하고 듣는 것을 선천적으로 좋아한다. 무의식적이지만, 이들은 상대가 사색형 문장을 쓰면 불편해 한다(반대의 경우도 그럴 것이다).

이들은 휘황찬란한 것을 좋아한다. 사교형 사람들의 의복은 종종 남에게 인정받으려는 욕구를 반영한다. 이들은 다른 사람들이 자기

사교형에서 관찰 가능한 특성		
언어적	음성적	시각적
• 이야기와 잡담을 즐긴다. • 개인적 감정과 의견을 공유 • 격식을 차리지 않고 말하기 • 시간에 대해 유연한 태도 • 대화 도중 종종 일탈	• 풍부한 음조의 변화를 이용 • 음성 가락을 수시로 변화시킴. • 음질의 바뀜 • 풍부한 성량, 빠른 말투 • 말투에 극적인 특성 가미	• 악수는 힘있게 • 생기있는 얼굴 표정 • 접촉 지향적 • 자연발생적인 행동의 성향 • 몸과 손의 움직임이 많음.

에게 주목하기를 바라기 때문에, 언제나 최신 유행에 따른 옷을 입는다. 또한 언제든지 남의 찬사를 유도할 수 있는 밝은 색과 비범한 스타일의 옷을 좋아한다. 많은 사교형 사람들은 부정적인 대답이라도 아무런 대꾸가 없는 것보다는 낫다고 생각한다.

우리가 주최한 세미나에서 비공식적 조사를 시행한 결과, 사교형들은 가장 좋아하는 의복 색깔이나 스포츠 카 색으로 붉은 색을 들었다. 이들은 성적 매력, 기지의 번득임, 흥분을 좋아하고, 구매하는 물건들은 대개 이들의 선호도를 잘 보여 준다.

(3) 전화를 통한 단서

사교형들은 『웬일이야?』『해가 서쪽에서 뜨겠네?』 따위의 경쾌한 인사말로 통화를 시작한다. 그들의 활발한 몸짓은 거의 전화를 통해서도 느낄 수 있을 정도이다. 그들의 변화무쌍한 감성적 음조나 어조, 다양한 문장 활용은 과장에 가까울 정도이다. 그들에게 전화기란 즐거운 도구로써, 특히 곁에 아무도 없을 때 그들로 하여금 긴 대화와 기분 전환을 할 수 있도록 해 주는 장난감이다. 이런 유형의 사교형과 통화할 때는 목소리의 배경에 소음이 함께 들려 오는 것을 탐지할 수 있다. 이는 그들이 대개 음성적, 시각적 자극과 활동을 위해 TV나 라디오를 켜 두고 있기 때문이다.

전화 통화를 할 때, 사교형 사람들은 감정을 섞어서 빠르게 말한다. 이에 비해 다른 유형 사람들은 사색적인 문구를 구사한다. 대체적으로 이들은 광범위한 음조 변화를 구사하면서 상대의 반응을 구하는 성향을 보인다. 사교형 사람들은 개인적 예화가 곁들여진 대화를 즐기며, 대개 예상했던 것보다는 오랫동안 상대방을 전화기에 붙들어 둔다.

(4) 편지를 통한 단서

편지 역시 전달 내용 뒤에 숨어 있는 사교형 사람들의 모습을 드러낸다. 이들은 대개 느낌표, 밑줄 긋기, 굵게 덧칠하기 등을 과도하게 사용한다. 또 이들이 온갖 형용사와 부사들을 동원하여 만든 미사여구들은 거의 옆에서 말하는 것처럼 느껴질 정도이다. 이들은 자극적이고 활발하게 말하는 것처럼 편지도 그렇게 쓴다. 사교형 사람들은 편지 속에 자신에 대한 이미지를 상기시키는 개인적 일화들을 집어넣거나 상대방과 나누었던 만족스러운 경험을 다룬 글을 넣는다. 이들은 편지를 끝낸 뒤에도 종종 추신을 덧붙이고, 때로는 재추신이나 재재추신까지 쓰는 경우도 있다.

주의할 점 : 이상의 성향들은 업무 수행 과정에서 자신의 선천적 감각을 다소 완화시키는 방법을 배운 사교형 사람들에게는 잘 드러

나지 않을 것이다. 또한 비서를 통해 자신의 편지를 다듬을 경우도
있을 것이다. 이는 특히 비교적 엄정하면서 덜 활발한 사교적 유형의
사람들이 그렇다.

사무실의 관계형

당신이 관계형의 사무실에 들어섰을 때는 수수한 액자에 걸어 놓
은 그 사람의 좌우명, 단체 사진, 평화스런 풍경 사진이나 포스터,
기타 개인적인 사진들을 주목해 보자. 관계형 사람들은 밀접한 인간
관계를 선호하므로 언제나 자기 자리에서 쉽게 눈에 띄도록 배열해
둔 가족의 사진이나 기념물을 둘러보기를 즐긴다. 관계형 사람들은
점점 더 복잡해지는 세상에서 자신이 겪은 안정된 경험과 인간 관계
에 대한 향수 어린 회상을 즐기기도 한다. 이처럼 즐겁고도 번거롭지
않던 과거의 기억은 그들로 하여금 자신의 사무실을 친근하고 온화
한 배경으로 바꾸게 만든다. 관계형 사람들은 의자들도 나란히 쾌적
하고 협조적 분위기를 자아내도록 배열한다. 방문객은 책상 뒤 자기
의자에 앉아서 맞기보다는 앞으로 나와서 맞이한다.

(1) 벽을 주시하라

사교형들의 학력 중에는 종종 자기 직업에서 보다 전문적인 주의
와 관심에 관련된 영역들이 포함된다. 또한 이들의 사무실에는 지역
사회에서 상당 시간을 자원 봉사자로 활동한 것을 인정하는 증서들
을 발견할 수도 있다. 타 유형 사람들은 남들을 위해 다른 방법을
——선물이나 돈—— 쓰지만, 관계형들은 그들을 감정적으로 강력하
게 끌어당기는 동기를 위해 노력한다. 이런 자원 봉사 활동은 앞으로

친구가 될 사람들을 만날 가능성을 제공해 주기도 하지만, ① 현재 진행되고 있는 실제 상황 ② 단체 활동 중에 자기가 어울리는 부분 ③ 의미 있고도 확실한 성과를 얻는 방법이라는 다면적인 목표를 향한 이들의 욕구를 충족시켜 주기도 한다.

(2) 관찰 가능한 성격적 특성

관계형은 선천적으로 경청을 좋아하는 패턴과 느리고도 삼가는 듯한 그들의 말투를 통해서 파악할 수 있다. 그들의 질문은 대개 확실한 화제와 경험에 집중된다. 『지불 조건이 어떻다고 하셨는지 다시 말씀해 주시겠어요?』

이들의 걸음은 편안하고 다른 사람들에 방해가 되지 않도록 하며, 때로 아는 사람을 만나면 옆으로 빠지기도 한다.

관계형 사람들은 주목받는 것을 싫어한다. 그래서 그들은 가라앉은 색상의 차분하고도 단촐한 의상에 보수적인 스타일을 즐긴다. 승

관계형에서 관찰 가능한 특성		
언어적	음성적	시각적
• 진술하기보다는 묻는다. • 말하기보다는 듣는다. • 의견 개진은 조심스럽게 • 비언어적 의사 소통 • 느린 페이스	• 평정을 잃지 않는 말씨 • 강력하지 않은 표현 • 낮고도 평온한 음성 • 느린 말투 • 꾸준한 음색	• 악수는 부드럽게 • 생기 있는 표정 변화가 없음. • 간헐적인 눈맞춤 • 인내심을 보여줌 • 느린 동작의 신체 언어

용차 역시 이들의 선호도를 반영하는데, 대개 베이지 색이나 밝은 하늘색의 왜건, 또는 밴을 타고 다닌다. 타이어는 제조업체가 추천하는 것을 달고, 무엇보다도 반가운 것은 경적을 달지 않는 것이다. 관계형 사람들에게 있어 경적 소리는 고함을 지르는 것과 같다.

(3) 전화를 통한 단서

『어떻게 지내세요?』『이렇게 당신 목소리를 듣게 되어 반갑습니다』등이 전형적인 관계형 사람들의 인사이다. 그들의 따뜻함은 전화라는 한계를 초월하여 전달된다. 관계형들은 보통 타인과의 개인적 교류를 더 좋아하지만, 상대가 즐겁고 비위협적인 사람이기만 하다면 간접적인 접촉으로도 만족한다.

그들은 사람 지향적인 성격을 전화를 통하여 보여 주고, 언제든지 통화자와 개인적이고도 이름을 직접 부를 수 있는 관계 수립을 원한다. 관계형 사람들은 설령 당신을 잘 모르더라도 선뜻『그렇게 격식 차리지 않으셔도 됩니다. 전 크리스라고 해요』라고 말한다. 관계형 사람들은 당신과 직접적으로 사귀고 싶어하고 좋은 서비스를 제공하고자 하는 열망을 보여 준다.

그들의 꾸준하고도 평탄한 음조는 친근성, 안락감, 편안함을 전해 준다. 전화로든 개인적인 만남이든 간에 다른 사람들의 의견과 감정에 대해 이들이 보여 주는 태도는 전형적인 경청자의 모습이다. 그들은 당신이 전날 끝낸 일에 대한 차근차근한 묘사와 어떤 식으로 특정 과업을 완수했는지 지치지 않고 들어 준다. 만일 상대방이 평균보다 느린 속도로 말을 하거나 말하는 것보다 듣고 있는 경우가 많을 때 또는 제품이나 교우관계에 대해 구체적이고도 실질적인 경험을 전하는 이야기를 듣고 있다면, 당신은 관계형인 사람과 대화를 하고 있는 중일 것이다.

관계형들은 다른 사람 앞에서나 전화를 통해서라도 자신을 표현할 때 상당히 망설인다. 『결정을 내리기 전에 애덤스 박사님께 상의해 보고요』 또는 『그걸 할 수 있을지 자신이 없군요. 생각해 보고 연락 드릴께요』라고 말할 것이다. 다른 생활 양식에서도 그러하듯, 관계형들은 보다 인간적이고도 그들이 언제나 해 왔던 확실한 방식에 호소한다. 그들은 혼자 하는 것보다 다른 사람들과의 협의를 통해 의사 결정을 내리는 것에 훨씬 편안함을 느낀다. 『어떻게 생각하세요?』 또는 『어떻게 느끼세요?』는 이 유형의 사람들이 잘 하는 질문들이다.

(4) 편지를 통한 단서

관계형인 사람들은 편지에서 상대와 계속 연락을 취하고 싶다거나, 언제나 기억하고 있음을 밝히기 위한 내용을 포함시킨다. 4가지 성격 유형 중, 이 유형 사람들이 아무 것도 아닌 일에 가장 쉽게 감사 편지를 보낸다. 관계형 사람들은 과업의 목록을 구성할 때처럼 자신의 편지에도 체계를 갖춰서 —— 들어온 것과 나갈 것을 구분 —— 정리하기를 즐긴다. 그들은 느리고 질서정연하게 편지를 쓰듯이 업무도 체계적인 아웃라인 방식을 따른다.

사무실의 사색형

사색형 사람들은 그들의 조직적 성향을 직무 환경에까지 도입시킨다. 환경적 단서로 볼 수 있는 것으로서는 잡동사니에 방해받지 않고 일할 수 있도록 깔끔하고도 체계를 갖춘 책상을 들 수 있다. 그들의 사무실은 깔끔하고 정리가 잘 되어 있으며, 직업적이고 모든 것이 제 자리에 놓여 있다.

(1) 벽을 주시하라

차트, 그래프, 전시물, 모델, 증명서, 업무에 연관된 사진들은 그들의 벽과 선반 위에 항상 깔끔하게 전시되어 있다. 사색형들은 그들이 보다 효율적으로 일할 수 있게 해 주는 기능성 있는 장식물을 좋아한다. 모든 물건들을 손이 닿는 곳에 두고 필요할 때 언제든지 사용할 수 있도록 한다. 적절하게 정리된 경우에는 효율성 강화를 위해 사용된 예술 경지에 이른 기법들도 보여 준다.

(2) 관찰 가능한 성격적 특성

말이 별로 없는 사색형 사람들은 진술하기보다는 적절한 질문을 던지기 좋아한다. 그들은 대체로 주의 깊고 감정을 자제한 표현의 말을 한다. 개인 감정을 드러내기 싫어하는 성향은 그들로 하여금 종종 감정적 문장보다 사고형 문장을 많이 사용하게 한다.

사색형 사람들은 정식 간격 유지를 좋아하는 비접촉형 사람들이다. 이러한 선호도는 기능적이기는 해도 매력 없이 배열된 책상과 의자에서도 잘 드러나는데, 특히 책상은 손님들에게서 분리성을 확보하기 위해 사용된다. 이들은 대개 포옹이나 접촉을 싫어하고 냉정한 악수나 짧은 전화 통화를 선호한다. 이들이 길을 걸어갈 때는 대개 잘 아는 길로 천천히 꼼꼼하게 걸어간다.

사색형들은 수수한 의상을 입지만, 액세서리는 독특하고도 완벽하게 조화를 이루는 것을 착용한다. 사교형들의 경우 화려함과 요란스러움으로 주목을 받지만, 사색형들은 보다 억제적이고도 흠없이 단

사색형에서 관찰 가능한 특성		
언어적	음성적	시각적
• 사실과 과업을 지향한다. • 감정 공유에 한계를 둔다. • 격식을 차리고 예의 바르다. • 대화에 집중한다. • 구어보다는 문어적 대화 선호	• 어조의 변화가 없는 말씨 • 음조의 변화가 별로 없다. • 음색에 별다른 변화 없다. • 꾸준하고 단조로운 의사 표현 • 낮은 성량의 느린 말씨	• 표정이 별로 변하지 않음. • 비접촉 지향성을 보임. • 제스처는 가끔씩만 • 신중하게 움직인다. • 느린 움직임의 신체 언어

정한 외모를 갖추고, 머리카락 하나라도 제위치에서 벗어나지 않도록 주의한다. 하지만 그러한 취향은 대부분의 다른 유형들에게서는 볼 수 없는 것들이다.

사색형들은 개인주의와 창조적 표현을 즐기지만, 항상 주어진 가이드 라인을 따른다. 사색형의 남성들은 수염을 단정히 깎고 손톱도 짧게 자른다. 그들은 흡연시 보통 파이프 담배를 피우는데, 어떤 사람들은 이런 특징을 질문에 답하기 전에 언제나 생각할 시간을 갖기 위해 한 모금 빨아들이는 그들의 습성 탓으로 돌리기도 한다. 사색형들은 삶의 복잡함에 대해 탐구하는 것을 즐기기 때문에 음악도 재즈, 클래식, 락을 불문하고 특수 분야의 음악이나 개인 취향적인 작품이 갖는 복잡성을 즐긴다. 그들은 대개 수수하면서도 눈에 띄지 않는, 그러면서도 평범하지 않은 색상의 성능 좋고 잘 만들어진 실용적인 자동차를 타고 다닌다.

(3) 전화를 통한 단서

사색형 사람들을 다룰 때는 정식 인사를 하는 것이 하나의 요령이다. 시간에 주의를 기울이는 이 유형은 자신이 처리하겠다고 이야기하는 순간부터 바로 과업에 착수한다. 많은 사색형들은 스스로를 별칭(리차드를 리치라고 하는 따위)보다는 정식 이름으로 부른다. 물론 예외는 있다.

그들은 짤막하고도 요점만을 말하는 통화를 선호한다. 그들은 자신이 타인들에게 그러지는 않더라도 타인들이 자신에게 「씨」 「여사」 또는 「박사님」이란 호칭을 붙여 주는 것을 좋아한다. 사색형은 성을 빼고 이름만 부르는 것을 프라이버시 침해로 간주하기 때문에 타인에게도 보다 격식을 차리며 대한다. 그들은 대체적으로 확실한 사실이나 역통제형(reverse-control) 질문들로 자기의 지위를 유지할 수 있을 때는 중압적인 환경에서도 소신을 굽히지 않는다. 이들이 일을 할 때는 우선적으로 타인과의 접촉을 피하고 조용한 가운데 독자적으로 한다. 그 다음 자신의 문제로 질서 정연하게 접근해 가는데, 이 모든 것은 그들의 계획 속에 정리되어 있다.

사색형 사람들은 구조적이고 주의 깊은 연설 패턴에 따라 이야기하며 자신의 말에 무게를 부여하려는 경향이 있다. 그들은 시기 적절한 질문을 하고, 조용하고 기민하고도 주의 깊은 방법으로 이야기한다. 부가적으로 그들은 개인적 생활에 대해 자발적 행동을 그다지 많이 하지 않는다. 그들은 형식적이고 다소 유쾌하면서도 사무적인 인간 관계를 좋아한다. 다른 유형들이 덜 하는 것일수록 사색형에게는 많이 하는 것이 될 수 있어서, 대화의 감축, 자기 노출, 언어적 대화를 덜 하는 것이 이들을 보다 안락한 상황으로 이끌어 준다. 이들의 말에서는 언외의 뜻을 살필 수 있어야 한다. 이들은 개인적 질문을 받을 때, 보통 이상으로 침묵을 지킴으로써 개인적인 불편함과 거리낌을 나타낼 수도 있다. 이런 일이 벌어질 때는 이렇게 묻도록 해 보자.『제가 너무 개인적 질문을 하는 건 아닙니까?』또는『제가 혹시 곤란한 질문을 할 때는 그걸 지적해 주어서 우리 서로에게 곤란한 상황이 벌어지지 않도록 해 주시겠습니까?』사색형은 탈출구를 가지고 있을 때는 보다 편안함을 느낀다.

사색형은 관계형과 마찬가지로 자신을 확실하게 표현하지 않는다.『점검해 보고 내일 알려 드리죠』

또는 당신 스스로 결론을 내릴 수 있도록 관련 정보를 제공하려고 할 수도 있다.『그 보고서는 잠시 내 서류함에 보관해 두죠. 나중에 내가 그걸 당신에게 보낼 때면 당신도 원하는 것을 찾을 수 있을 겁니다』이러한 접근 방법은 이들의 주의력과 정확성에 대한 요구를 만족시키기 위한 것이다. 그들은 잘못된 정보를 인용하거나 자신이 어떤 행위의 첫번째 시도자가 되는 것을 꺼린다.

(4) 편지를 통한 단서

사색형들이 편지를 보내는 것은 대체로 자신의 입장을 밝히거나 설명하기 위해서일 때가 많다. 그 결과 편지는 상당히 길거나 많은 자료들을 포함하게 된다. 또는 그와 반대로 다소간 자제적이거나 애매한 표현의 문장이 많은 경우도 있다. 또 특수한 경우, 특정 정보만을 포함하거나 언급하고 있는 짧은 편지인 경우도 있다. 이들이 긴 편지를 선호하든 짧은 편지를 선호하든 중요한 것은 정보 처리에 집중한다는 점이다. 그들은 자신의 배경을 확실히 표현해서 남들로 하여금 오해를 하는 일이 없도록 한다.

지시형도 그렇지만 사색형들도 시간을 소중하게 생각하므로 개인적인 카드를 보낼 때는 자신의 이름만을, 또는「진정한 성장을 위해, A. J 윌리엄스」와 같은 식으로 자신의 좌우명을 서명해 넣기를 즐긴다. 때로는 누가 보내는지 뻔히 아는 경우에도 굳이 자신의 성과 이름을 함께 적어서 발송인의 신분을 분명히 밝히고자 한다.

사람들마다 자기 취향이 있는 법이다

인간의 유형을 결정짓는 직접/간접형과 자제/개방형이라는 차원들은 나름대로 강점과 약점들을 갖고 있다. 때로는 과도한 강점들이 약점으로 변질되기도 한다. 직접/자제형 사람들은 끈질김을 견지하다가 거만한 사람이 될 수도 있다. 마찬가지로 직접/개방형은 술수를 쓰는 사람으로 비칠 수 있고, 간접/개방형 사람들은 우유부단한 사람으로, 간접/자제형 사람들은 접근하기 어려운 사람으로 보일 수 있다. 이러한 차원들과 그외의 각종 긍정적, 부정적 특성들은 인간의 4유형에 많은 그늘을 드리운다.

이 4유형을 대표하는 사람들은 일정한 임무가 주어질 때도 판이하게 다른 접근 방법을 보인다. 예를 들어 월말 보고서 시한이 다가오면 한 유형의 사람은 매일 매일의 일지를 작성하고 있을 것이요(간접/자제형), 두 번째 유형은 그 일을 위임할 것이며(직접/자제형), 또 다른 유형은 동료와 함께 일을 완수하려 할 것이고(간접/개방형), 마지막 유형은 밤을 새워서라도 최후의 순간까지 그것을 완수하고자 노력할 것이다.(직접/개방형).

이쯤 해서 여러분은 환경적 단서와 외부적 행동을 관찰함으로써

4가지 핵심 유형을 구분하는 방법을 알게 되었을 것이다. 우리가 직접/자제형(지시형), 직접/개방형(사교형), 간접/개방형(관계형), 간접/자제형(사색형)으로 구분한 사람들은 모두가 다양한 상황에서 서로 다른 방식의 행동을 보인다. 가정, 업무, 사회 활동에서 이들 모두는 자신의 요구와 기대치에 부응하기 위해 고유의 유형에 충실한 행동을 한다. 이들은 자기다운 행동을 하는 가운데 자기의 핵심적 행동에 맞는 색채를 보여 주는 것이다.

적응력에 대해 기술된 다음 장에서는 선천적으로든 또는 생활 환경 탓에 후천적으로 그렇게 된 것이든, 다양한 행동유형을 보이는 사람들 모두와 훌륭하게 지내는 방법을 제시하고자 한다.

그리고 적응력을 강화하기 위한 실질적인 방법을 제공하여서 당신이 모든 유형의 사람들과 보다 생산적인 관계를 유지할 수 있게 할 것이다. 그 다음 당신은 이러한 개념들을 업무 현장에서 적용해 볼 수 있을 것이고(7장), 이어서 각 유형들의 리더십 문제를 다룰 것이고(8장), 유형에 맞춰 판매하는 방법과 호소력을 자극하는 방법(9장)을 배우게 될 것이다.

그리고 마지막 장에서는 여기서 제시했던 모든 원리들을 종합하게 될 것이다. 다양한 직무 환경에서 당신이 갖고 있는 잠재적인 인간관계 수립의 역량을 발견하기 위해서 내용을 계속 되새기면서 앞으로 나가도록 하자.

제 **5** 장

행동 적응력을 통한 개인적 역량의 창출

행동 적응력이란 무엇인가?

행동 적응력은 다양한 유형의 사람들과 성공적인 관계를 맺기 위한 핵심적 요소이다. 적응력이 있을 때, 우리는 다른 사람들을 그들이 원하는 대로 대접해 줄 수 있다. 행동 적응력이란「상황 또는 상호 관계의 요구에 따른 적절한 대응을 위해, 자신의 유형에 전형적이지 않은 행동일지라도 기꺼이 행할 수 있는 의지 또는 능력」을 말한다. 이것은 남보다는 나 자신(나의 고유 패턴, 태도, 습관)과 더욱 깊은 관련성을 갖는 그 무엇이다.

여기에 포함되는 것은, 특정 시간에 특정한 상호 관계의 요구를 기초로 하여 커뮤니케이션과 행동 방식을 취할 때 어떤 식의 전략적인 수정이 가능할 것인가 하는 문제들이다.

적응력이 있는 사람들은 전략의 실천을 통해 타인들의 기대에 부응하고자 한다. 이들은 자신에게 편안한 세계를 뛰어넘어 남들을 편안하게 만들고자 노력한다.

적응력이라고 할 수 없는 것

적응력이란 결코 타인의 행동유형을 모방하는 것을 의미하지 않는다. 그것은 다른 사람의 선호도에 따라 개방성, 자제성, 직접성, 간접성을 맞춰 가는 것을 의미한다. 그러면서도 고유한 정체성(identity)과 좋은 감각은 그대로 유지할 수 있어야 한다. 다만 몇 가지의 결함들을 바꿀 뿐인 것이다.

그렇다면 이 말은 사색형 사람들이 선호하는 것은 사색형 친구들이고, 기타 유형들이 선호하는 사람들은 자기와 유사한 유형의 사람들이라는 의미인가?

그럴 수도 그렇지 않을 수도 있다. 여기에 적절히 적용될 수 있는 두 가지의 진부한 격언들이 있다. 그 하나는 「유유상종」이고 다른 하나는 「남의 떡이 더 커 보인다」이다.

지시형 사람들은 다른 지시형 사람들의 성과와 성공을 찬탄할 수도 있지만, 그들과의 업무에서는 자신의 힘과 권한을 유지하기 위해 경계적인 태도를 보일 수도 있다.

사색형 사람들은 사교형 사람들의 삶을 즐기는 태도에는 감탄하지만, 그들의 부정확성으로 말미암아 같이 일하는 것은 피하려고 할 수 있다.

사교형 사람들은 사색형들의 주제에 대한 통제력을 신기하게 생각하지만, 공동 업무에서는 그들의 완벽주의 때문에 소외감을 느낄 수도 있다.

관계형과 지시형은 서로의 장점을 인정할 수도 있고 그로 인해 불편함을 느낄 수도 있다. 그렇다면 우리는 다른 유형의 사람을 만날 때 어떤 개인적 행태를 보일 것인가?

가장 적응적인 유형

앞에서 자기 자신에게 전형적이지 않은 행동을 실천하려고 노력하는 것이 행동 적응력이라고 했던 것을 상기해 보자. 적응력은 자신의 행동유형과는 다른 것이다. 또한 자신의 적응력의 수준은 다른 사람들의 자신에 대한 인식에 영향을 미친다. 적응력 수준을 향상시키면 자신에 대한 신뢰와 신용도가 상승할 것이요, 적응력 수준을 낮추면 이들도 낮아질 것이다. 행동 적응력은 다른 사람들과의 관계에서 그들로 하여금 보다 편안함을 느끼고 용기를 얻으며 성공을 거둘 수 있게 해 주는 노력에 다름 아니다.

어떤 유형도 원래부터 다른 것에 비해 특별히 강한 적응력을 보이지는 않는다. 또 주어진 상황에서 각 유형의 전략적 수정 방법도 다양하다. 구체적인 행동 적응력 기법의 적용은 사례별로 구분해서 결정해야 한다. 때로는 한 사람에게 적응적인 태도를 보이면서 다른 사람에게는 그렇지 않을 수도 있다. 또는 오늘은 그 사람에게 상당한 적응성을 보이다가도 다음 날은 똑같은 사람에게 그렇게 하지 않을 수도 있다. 행동 적응력은 어떤 식으로 자신의 커뮤니케이션과 행동을 관리하는가에 관련된 문제이다. 여기에는 또한 과업이나 상황에 존재하는 요건들—— 다른 사람들이 포함되어 있든 그렇지 않든 간에——을 관리하는 일도 포함된다.

예를 들어, 사교형이 사색형과 직접적으로 교류한다면 말하기를 줄이고 보다 많이 듣고 핵심적 사안에 집중하는 방식을 사용해 볼 수 있다. 행동 적응력은 남들이 나와 상황에 대해 편안하게 느끼도록 나의 행동을 수정하는 것이다. 사색형이나 관계형에게는 페이스를 늦춰 가고, 사교형이나 지시형에게는 페이스를 빠르게 취해 적응력을 실천할 수 있다. 또는 지시형이나 사색형의 사람들이 사교형이나 관계형들의 개인적인 이야기나 가족 이야기에 귀를 기울이는 것으로도 유사한 적응력이 발휘될 수 있다.

적응력이란 처방

적응력은 많은 특성을 갖는 현상이다. 공식적 연구에 따르면 고도의 적응력을 갖춘 사람들은 10가지의 특성, 또 적응력이 부족한 사람들이 다른 10가지의 특성을 갖고 있어서 모두 20가지의 특성이 있는 것으로 밝혀졌다. 물론 어느 누구도 전적으로 적응력이 있거나 전혀 없거나 하지는 않다. 그 대신 우리 모두는 기본적으로 다음 사항들을 갖고 있다.

- 최고에서 최저에 이르는 서로 다른 전반적이고 총체적인 적응력 수준들
- 다양한 상황에서 적응력의 두 가지 기본 요소——유연성과 탄력성——에 대해 보이는 수준 차이
- 잠재적인 적응력을 구성하는 20가지 행동 중에 보이는 특수한 강점들과 성장 가능한 분야들

고적응자와 저적응자

적응성에 관한 연구 결과, 대부분의 사람들은 스스로를 실제보다 유연하고도 탄력적인 존재로 간주하는 경향이 있었다. 그 이유 중 하나는 대부분의 사람들이 자기가 바라는 바람직한 인물이나 유형을 항상 염두에 두고 있는 데서 기인한다. 그 결과, 자신에 대한 관점에는 행동하고자 하는 바람직한 방식과 실제로 행동하고 있는 방식이

모두 포함되어 있다. 그러나 관찰 가능한 행동의 실체는 상기 사항들 중 오직 실제 행동방식에만 기초를 두어야 할 것이다.

이상화된 적응력 수준과 실제적인 수준 사이에 생기는 간극을 설명하는 또 다른 요인으로는 적응성을 갖는 것이 말처럼 쉽지 않다는 것이다.

사실 대부분의 사람들은 개인적인 잠재 능력을 달성하게 해 주는 10가지의 행태가 있어도 이를 손수 계발하지 못하는 것은 물론, 그런 것이 있다는 사실조차 모르고 있다. 마찬가지로 이들 대부분은 자신의 잠재 능력을 손상시키는 10가지 행태가 있음을 인식하지 못하고 있다.

다음에 소개되는 20가지 행태들은 10개의 유연성에 관련된 강점 및 약점들과 10가지의 탄력성에 관한 긍정 및 부정적 요소들로 구분되어 있다.

고도의 유연성은 다음과 같은 개인적 태도들로 구성된다.

- 자신감 : 스스로에 대한 믿음, 자신의 판단과 능력에 대한 신뢰를 말한다.
- 관용성 : 개방적 수용성, 다시 말해서 한정된 시간과 정보 하에서는 판단을 유보하려는 의지력을 말한다.
- 공감성 : 타인의 관점에 대한 민감성, 남을 신경써 주는 접근 방식(그들에게 경도되거나 조종되지 않으면서)이다.
- 긍정성 : 나의 사고와 감정 패턴에 긍정적인 활력의 흐름을 유지하는 것과 다른 사람들과 상황에 대해 긍정적인 기대치를 잃지 않는 것이다.
- 타인 존중 : 상호 또는 각자의 관심사, 선택 사항, 열의에 대해 이해, 수용, 고려해 주는 마음을 말한다.

낮은 유연성은 다음과 같은 태도에 의해 특징 지워진다.

- 경직성 :「내 방식대로 하지 않으면 다 싫다」는 태도를 고집하는 것.
- 남과의 경쟁 욕구 : 경쟁에 대한 욕구로 말미암아 다른 사람들 모두에게 최선이 될 수 있는 상황을 방해한다.
- 불만 : 무엇에 대해서도 긍정적이거나 완전한 만족을 보이는 적이 없다.
- 접근 불가능성 : 주위사람들을 원치 않는다는 눈치를 보인다.
- 사물의 모호성을 처리하지 못함 : 어떤 상황이든「A 아니면 B」식으로 간주하고, 또 다른 의미나 해석, 결과에 대해서는 폐쇄적이다.

우리가 존경하는 위인들 가운데 상당수가 고도의 유연성을 보인다. 그 중에는 낮은 유연성을 갖는 사람들이 극히 드물다.

적응력 공식에서 나머지 절반은 탄력성이 차지한다. 연구에 따르면 대부분의 사람들이 탄력성보다는 유연성에 보다 분명한 이해력을 보이고 고도의 개발 수준도 갖고 있는 것으로 밝혀졌다. 그 대신 탄력성에는 일련의 개인적 적성들이 포함되어 있는데, 이는 단순한 적응 의지력과는 분명히 구분되는 것이다. 즉, 많은 사람들은 기꺼이 자신의 행동을 수정하려고 하면서도 주어진 능력이 부족한 경우가 많다. 탄력성이란 우리가 성장 과정에서 계속 취득해 가는 정신 및 감정 능력의 복합체이다. 이 능력은 학교 교육, 일상적 생활 체험, 또는 탄력적인 행동을 보여 주는 타인들을 관찰함으로써 얻어진다.

다행히도 탄력성은 학습될 수 있다. 사람들은 선천적으로 높거나 낮은 수준의 탄력성을 갖고 태어나지는 않는다. 다만 보다 탄력적인

사람들일수록 모든 상황을 새로운 학습과 성장의 기회로 받아들이는
경향이 강할 뿐이다. 물론 그렇지 않은 사람들의 경우도 반대의 결정
을 내려서 삶의 문제를 보다 쉽게 해결해 가기도 한다.

높은 탄력성은 다음과 같은 개인적 적성에 의해 특징지워진다.

- 탄성(彈性) : 후퇴, 장애, 자원의 한계에 대처해 나가는 능력
- 비전 : 예견력, 창조력, 상상력
- 주의력 : 환경의 자극을 지각하고 인식하는 것. 즉, 현상에 집중
  하는 것을 말한다.
- 역량 : 적절한 능력 활용과 현실화를 통해 조건과 사람에 대한
  간파 능력을 갖추고 과업을 관리해 가는 능력
- 자기 수정력 : 문제 해결의 정신과 현상적 접근법으로 적절한 정
  보를 추구하는 과정에서 자아를 창조하며 평가해 가는 힘

낮은 탄력성은 다음과 같은 개인적 적성으로 특징지워진다.

- 주관적 태도 : 모든 것을 나의 관점으로만 해석하는 것.
- 둔감성 : 자신의 의견과 믿음에 대해서만 단호함을 보인다.
- 저항적 태도 : 좋아하지 않는 의견에 대해서는 거부.
- 일방성 : 비좁은 시각과 편협한 마음을 말한다.
- 합당하지 못한 위험 감수 : 목적 완수를 위한 능력의 소유 상태
  와 향후 개발 가능성을 과신한다.

우리 모두는 적응력을 더욱 강화할 수 있다

다행스러운 사실은 우리 모두가 적응력을 향상시킬 수 있다는 점
이다. 그러나 이에 부수적으로 우리가 적응력을 바란다거나 더 이상

과거의 편안한 행동으로 퇴보하지 않는 것만으로는 단 하루만에 그 것을 이룩하지 못한다는 사실도 알아야 한다. 적응력은 사물에 대한 심리적 학습 기법이다. 따라서 우리는 「나는 누구인가?」하는 문제에 집중함으로써 적응력을 기르는 속도를 높이고 성공의 가능성을 증대시킬 수 있다. 다시 앞의 전제를 생각해 볼 때, 적응력이란 결국 내가 누구인가를 다루는 문제라고 할 수 있다. 이를 다시 표현하면, 적응력이란 보다 쉽고 자연스러운 행동에 빠져들지 않고 극복해 나가기 위한 개인적인 노력을 기울이는 것이다.

우리는 과거의 나쁜 습관에 빠질 때마다 다시 적응력으로 향한 길 위에 올라서도록 자신을 타이를 수도 있다. 다음 페이지에 제시된 「적응력을 위한 로드 맵」은 당신의 유연성과 탄력성 향상에 도움을 줄 것이다. 또한 동일한 과정을 통해서 친구, 가족, 동료, 기타 사람들에게도 도움을 줄 수 있다. 이 로드 맵의 과정은 현재의 자신으로부터 시작된다. 그곳으로부터 출발하여 자신의 독자적인 행동 성향에 관련된 잠재 능력의 변화를 위한 적절한 태도 변화나 적성 변화를 이룩해 갈 수 있다.

로드 맵의 사용법은 다음과 같다. 우선 당신에게 가장 강한 행동 성향(지시형, 사교형, 관계형, 사색형)을 하나 선택한다. 그 다음 유연성과 탄력성 중 하나의 목표를 고른다. 단, 두 가지를 동시에 하는 것은 곤란하다. 그 다음 해당 항목을 찾아 내고 그 밑에 쓰여진 설명을 숙독하여 향후의 능력 개발을 위해 어떤 일을 해야 할지 결정하도록 한다.

우리는 진공 상태에서 움직이는 것이 아니니만큼, 이러한 전반적 자아 적응력을 현재 교류하고 있는 타인의 유형에 맞추어 다듬어 나갈 수 있다. 그 다음 다시 그 뒤에 제시된 각 4유형과의 교류에서 활

	유연성을 기르는 법	탄력성을 기르는 법
만일 당신이…	아래 사항에 너무 집중하지 마라	아래 사항을 계발하고 표현하여라
• *지시형이라면?*	다른 사람들과 조건에 대한 통제권	지원적인 기술과 행동 예 : 경청, 개방형 질문, 타인 의견의 긍정적 강화
• *사교형이라면?*	다른 사람들의 수용을 내가 취할 적절한 선택 사항 중 최우선적 요소로 간주하는 것.	지휘 기술과 행동 예 : 자기 확신, 분쟁 해결, 협상
• *관계형이라면?*	새로운 기회에 대한 저항 또는 안정성이나 위험 없는 선택에 대한 부당한 요구나 위험이 따르지 않는 선택을 고집해서 나의 선택권을 제한하는 행위	지휘 기술과 행동 예 : 협상 및 확산적 사고
• *사색형이라면?*	불필요한 완벽주의, 나와 타인의 강점보다는 약점과 결함에 집중하려는 성향	지원 기술 및 행동 예 : 공감적 경청, 타인을 위한 긍정적 강화, 보완적 힘을 지니고 타인 문제에 관여하는 것

용할 수 있는 구체적 적응 유형의 간단한 목록(행동 계획서)을 보도록 한다. 여기 설명된 유연성과 탄력성 향상을 위한 기본적 행동 전략들은 효율성 향상에 좋은 출발 지점을 제시해 줄 것이다. 하지만 이 행동은 선천적인 인간 조건을 기본으로 하기 때문에 항구적인 어려움도 따른다. 따라서 이 로드 맵의 지속적인 활용을 위해서는 앞에 제시된 다양한 적응력의 강점들에 집중해 가는 부가적인 접근 방식들도 요구된다.

개인적 힘의 창출

어떤 현자는 이렇게 말했다. 『얄팍한 지식은 위험을 불러온다.』

공식적인 교육 환경에서 이 문장은 때로 천박한 지식 증후군을 지적하는 것으로 쓰이기도 한다. 즉, 사람들은 새로운 주제에 대해서 학습을 시작하면서부터 곧잘 너무 단순화되고 불완전한 결론으로 뛰어들기 쉽다는 것이다. 이런 경우, 그렇지 않았을 때보다 더 성공의 확률이 줄어들기도 한다. 지속적 노력, 사고, 강화된 연구를 통해서만이 비로소 고도의 우수성을 향한 점진적 향상을 이루게 된다. 적응력이란 관점에서 볼 때, 다음과 같은 원칙들을 필수적으로 이해해야 한다.

1. 적응력은 그 자체가 목적이 아닌, 개인적 효과성과 성공 가능성의 향상을 위한 수단이다.
2. 효과성의 관건은 어떤 수준과 유형의 적응 요소들이 목표한 결과를 성취하는 데 필수적인지 깨닫는 것이다.

예를 들어 ;

『이 판매를 이루는 데 가장 중요한 관건은 저 고집센 양반의

유형에 맞춰 선천적인 나의 유형에 보다 많은 유연성을 부여하
는 것이다.』

　『내가 만일 너무 유연하고 편의 지향적인 내 성향을 바꾸지
못하면 회사를 남에게 넘겨주는 경우에 이를지도 모른다. 현 상
황이 바뀌었으니만큼 내가 원하는 결과와 갈등을 빚는 현재 행
동을 중단해야 한다.』

3. 적응력이라는 것은 자신의 자원들을 재평가하여 보다 현명한
　 행동을 통해 원하는 결과들을 얻어 내는 것을 뜻한다.
　 예를 들어 ;
　　 당신은 현재의 과업을 완수할 수 있는 능력을 갖추었지만, 문
　 제는 유사한 능력을 가진 다른 세 사람과 함께 일하고 있다는
　 점이다. 하지만 그들은 당신처럼 절박하거나 우선권을 다투고
　 있는 과업이라는 인식은 갖고 있지 않다. 이런 상황이라면 적응
　 력은 자신의 여러 자원들을 개발하여 적절한 상황 관리를 위한
　 비전과 자기 수정적 적성을 갖춰 나가는 것이라고 할 수 있다.
　 이렇게 하는 것이 여러 면에서 혼자 잘난 척하고 모든 것을 다
　 행하려는 태도보다 바람직할 것이다.

4. 적응력이란 다양한 삶의 기회에서 거두는 성공 성취도와 직접
　 관련된다는 면에서도 중요하다. 다양한 상황의 관리에는 타인과
　 의 관계 개선에서부터 주위의 변화하는 조건들에 적극적으로 대
　 처하는 것까지 모두 포함된다.

극단적 행동들

　때로 사람들은 극단적인 적응력을 우유부단함과 기회주의, 양면성
을 지칭하는 것으로 간주하기도 한다. 만일 모든 상황에 고도의 적응

<table>
<tr><td>만일 내가 관계하는
　　　사람이…</td><td>이러한 행동을 취할 것</td></tr>
<tr><td>• 지시형이라면?</td><td>－세부사항에 얽매이지 말고 신속하고 단호하게 요점에 접근할 것.
－자신감을 가지고 행동하고, 업무에 정통하고 과장하지 말 것.</td></tr>
<tr><td>• 사교형이라면?</td><td>－정력과 활력을 보여 주고 기브 앤 테이크식 교류에 집중할 것.
－만남을 즐겁고 경쾌하고 재미있는 것으로 유지할 것.</td></tr>
<tr><td>• 관계형이라면?</td><td>－소탈하고, 자연스럽고, 인간적인 일대일 관계를 개발해 갈 것.
－따뜻함, 감정, 감수성을 가지고 대할 것.</td></tr>
<tr><td>• 사색형이라면?</td><td>－질서정연하며 논리적이고 성확한 접근 방법을 사용하여 과정과 절차에 집중할 수 있도록 할 것.
－충분한 사고와 정확한 정보가 들어 있는 자료들을 제시할 것.</td></tr>
</table>

력을 보이는 사람들이 있다면 개인적 스트레스를 이기지 못해 필연적으로 무능함에 이를 것이다. 또 다른 사람들과의 부자연스러운 교류로 인해 과도한 긴장이 발생할 수도 있다. 물론 이러한 긴장은 대개 일시적이므로 남과의 관계 개선을 얻기 위해서는 한 번쯤 경험해 볼 만한 가치가 있는 것이기는 하다.

연속선상의 또 다른 극단에는 완전히 적응력을 갖추지 못한 행동 유형이 존재한다. 만일 어떤 사람이 자기만의 페이스와 우선 순위에 맞춰 행동하기를 고집한다면, 다른 사람들은 그를 경색되고 비타협적인 사람으로 볼 것이다.

적응력이란 모든 종류의 성공적인 상호 관계를 위해 중요하다. 사람들은 최소한 자기의 사회적, 개인적 생활에서 하던 방식과는 달리 직업 생활의 다양한 역할에 맞춘 적응성을 보여 준다. 이러한 적응은 그들의 업무가 요구하는 전문적 요건들을 보다 성공적으로 관리하기 위해 이루어지는 것이다. 재미있는 것은, 많은 사람들이 집에서 자기가 잘 아는 사람들을 상대할 때보다 업무 중에 알지 못하는 사람들을 상대할 때 더욱 많은 적응성을 보여 준다는 점이다. 그것은 왜 그럴까? 그 이유는 사람들이 업무 중에는 좋은 인상을 남기려고 노력하지만, 집에서는 긴장을 풀고 자기다운 행동을 하다가 다른 가족 구성원에게 무심코 불편함을 끼치는 경우에 이르기 때문이다. 이것이 꼭 매력적인 가족의 모습이라고는 할 수 없어도, 적어도 대부분의 가족들에게서 발견되는 상황이다.

적응력이 다양한 상황 관리에 어떠한 영향을 미치는지를 살펴보려면, 여러 직업과 그에 관계된 업무 요건들을 조사해 보도록 하자. 전 세계의 주요한 선거, 사원 선발, 경력 개발 컨설팅 회사들에 의해 사용되는 과정들이 거의 동일하다는 것을 알 수 있다.

우리는 어떠한 역할이나 업무에서도 적응력에 관련된 양상을 살펴볼 수 있다. 그렇다고 개인의 행동유형이 중요하지 않다는 의미는 결코 아니다. 다만 어느 개인이 업무 완수를 위해 선정되었다면, 그 사람의 유연성과 탄력성의 수준이 고도의 성과를 이룰지 혹은 낮은 성과를 이룰지 판가름하는 기준이 된다는 점이다.

이 개념을 기타 유형의 지위 요건에 관련지어서도 살펴보도록 하자. 한 가지의 간단한 제품 라인을 포함하는 판매 업무 같은 경우에는 고도의 유연성을 요구할 수는 있어도 그렇게 많은 탄력성을 요구하지는 않을 것이다. 그러나 복잡하고도 변화가 심한 다중적 제품들을 포함하는 판매 업무라면 고도의 유연성과 탄력성 모두가 요구될 것이다.

이를 핵 에너지 연구원과 같이 매우 높은 탄력성을 요구하면서도 가급적 낮은 유연성을 필요로 하는 직무에 대조시켜 보자. 이들이 보이는 낮은 유연성은 본인과 다른 사람들을 무서운 폭발 가능성의 유혹에 노출되지 않도록 해 준다.

마지막으로 두 명의 10대 자녀를 둔 홀아비의 업무 요건을 상상해 보자. 여기서도 수천 가지 경쟁적인 기대치와 조건을 관리하기 위해 탄력성은 중요한 요소이다. 하지만 유연성은 원만한 수준을 유지해야만 가정에 평화와 질서가 넘칠 수 있을 것이다!

적응력의 효과

효과적인 적응력을 가진 사람들은 특수한 상황에서 다른 사람들의 중요한 기대에 —— 개인적 관계이든 사업적 관계이든 —— 언제든지 부응할 수 있다. 우리가 항시적인 주의력과 실천을 통해 적절한 타협이 필요할 때를 인식하면 자신의 적응력을 전략적으로 관리해 나갈 수 있다. 또한 다른 사람들의 행동유형에 적응하는 것이 필요한 때가 언제인지도 이해할 수 있을 것이다.

모든 사람들에게 공동 승리를 부여하는 상호 관계의 기법을 실행하도록 하자. 기지가 넘치면서도 합리적이고, 이해력을 보이며 말하기가 편하도록 하고 비판적이지 않도록 하자. 이와 같은 행동은 우리를 두 극단 사이의 적절한 위치에 자리잡게 해 준다. 이를 통해 우리는 자신과 다른 사람들의 요구에 모두 적절히 부응할 수 있다. 또한 자신의 페이스와 우선 순위에도 적응성을 갖추도록 하자. 업무에서 혹은 친구들과 가족과의 관계에서 모든 사람들이 승리를 거두는 관계를 구축해 가자.

내가 어느 정도로 직접/간접형이고 개방/자제형인지를 아는 것은 자신과 타인의 바람직한 관리를 위해 필요하다. 내가 자신에게 해당되는 독자적인 행동유형과 특성들을 발견했듯이, 다른 사람들의 핵심적 강점과 약점을 도출하는 것 역시 충분히 가능한 작업이다. 다양한 인간들의 허다한 특질과 있을 수 있는 실패 요인들을 인식한다는 것은, 보다 효율적으로 그들의 행동을 이해하고 관계 수립의 길로 나서는 첫걸음이다.

자신을 다른 사람의 기대와 성향에 맞추려는 노력은 자동적으로 두 사람 사이의 긴장을 줄이고 신뢰를 증가시킨다. 적응성이란 보다 효과적인 교류와 교착된 상황의 해결, 올바른 관계 수립 및 신뢰성 구축에 일조한다. 그것은 인간 상호 관계가 생산적인가 또는 비효율적인가의 차이를 만들어 낸다. 나의 적응력 수준은 다른 사람들이 나와의 관계를 어떻게 판단하는가에도 영향을 준다. 우리의 적응력 수준을 높이면 신의와 신뢰감이 크게 향상될 것이요, 적응력 수준을 낮춘다면 신의와 신뢰감이 곤두박질칠 것이다.

우리는 이 모든 문제를 성숙함이란 관점을 통해서도 고찰할 수 있다. 성숙한 사람들은 스스로를 잘 안다. 그들은 기본적 행동유형을 충분히 이해하고, 자신의 핵심적 패턴을 자유롭게 표현한다. 그러나 문제점이나 기회가 발발하면 언제든지 요구되는 필요성에 능숙하게 자신의 핵심적 패턴을 적응시켜 버린다. 이와 반대로 성숙하지 못한 사람들은 스스로의 유형에 갇혀 버려서 실생활에 대처할 때 필요한 효과성을 잃는다. 또한 남들의 요구를 무시함으로써 그들과의 관계를 갈등과 긴장으로 끝내고, 자신의 생활 환경 내에 불만족과 불충분을 부여하고 만다.

우리가 보다 성숙하고 적응력 있는 사람이 되는 과정에서 주어지는 중요한 대가가 4가지 있다. 이 혜택들은 또한 인생에서 높은 성과를 이룩한 사람들의 특성을 규정짓는 것이기도 하다. 이 책에서 제시하는 행동의 안내지침을 읽고, 반성하고, 실천하는 동안 당신도 이러한 우수성을 일상 생활에서 이룰 수 있을 것이다. 당신은 다음과 같은 것들을 성취하고 싶은가?

- 성공
- 효과성
- 만족
- 성취감

만약 그렇다면, 지금까지 5개 장에 걸쳐서 배운 내용을 기초로 하여 즉시 시작하도록 하자. 후반부의 5개 장은 당신이 진정으로 이룩할 수 있는 모습에 대한 보다 강력한 통찰력을 제공하기 위해 마련되었다.

유연성과 탄력성의 개선

유연성

적응력에서 유연성의 차원에는 나와 남들에 대해서 또는 우리 주변 상황과 관련되어 나타나는 개인적 태도가 포함된다. 여기에는 필요하다면 자신의 관점과 그 입장까지도 바꿀 수 있다는 일상적인 의지력이 반영된다.

이러한 잠재적인 유연성 능력에 포함되는 5가지 정신은 자신감, 관용, 공감, 긍정성, 타인에 대한 존중 등이다.

(1) 자신감

자신감을 갖는다는 것은 스스로를 믿고 자신의 판단력과 지적 능력에 대해 신뢰감을 갖는 것을 의미한다. 자기 존중에 관한 많은 저서를 남긴 나다니엘 브랜든(Nathaniel Branden) 박사는 자기 존중을 자기 신뢰와 자기 존경의 종합체라고 했다. 자기 신뢰는 스스로 합리적인 기능성을 발휘할 수 있다고 믿는 것이다.

고도의 자신감을 갖고 있다고 인정받은 사람들은 대개 미래지향적, 낙관적, 진취적인 접근 방식을 통해 다른 사람들에게도 자신감과 신뢰성을 부여해 준다.

우리는 우리의 요구를 만족시키고 인생의 계획적 전개를 가능하게 해 주는 선택을 할 때 자신감을 느낀다. 다양한 상황에서 자신감을 갖는다는 것, 예를 들어 누구에겐가 위엄을 보이거나 업무를 처리할 때 갖는 자신감은 삶의 도전에 성공적으로 대응하였던 선험적인 경험을 중심으로 형성된 총체적 자신감으로부터 흘러나온다. 자신감이란 성공을 쌓아 가고, 성공에 공헌할 수 있는 내부적 힘을 확인해 가는 과정에서 더욱 강화된다. 이에 덧붙일 것은, 이렇게 새롭고도 상승하는 힘과 그것이 자아의 권한 강화에 끼치는 영향을 주시하는 것이 중요하다는 사실이다.

(2) 관 용

관용이란 나와 다른 모습을 보이는 타인의 의견과 행동에 대해 개방적인 것을 의미한다. 일찍부터 개인적 차이에 대해 관용을 보일 수 있는 것은 부모로부터 물려받은 선천적 재능이다. 사람들은 인간의 개인적 차이에서 보이는 엄연한 현실에 의해 특징지워지는 세계에 대해서 보다 관용을 보이는 방법을 배워야 할 것이다. 그런가 하면 우리 모두는 관용에 대한 숙련성을 쌓아 가면서 보다 많은 혜택을 입을 수 있다.

이러한 소양을 쌓기 위한 하나의 방식은 타인의 시각과 실천을 그것 자체로 인식하고 꼭 나의 유형에 맞춰 가려고 하지 않는 태도를 갖추는 것이다. 관용은 타인의 현실——자신의 것이 아닌——을 다룰 때의 통찰력과 선택권을 제공해 준다.

(3) 공 감

공감(empathy)이란 단어의 근원은, 감정(feeling)을 뜻하는 고대 그리스어의 페이소스(pathos)에 기인한다. 동감(sympathy)이란 단어가 다른 사람의 감정을 인식하는 것에 국한된다면, 공감은 『당신이 느끼는 바를 이해합니다. 저도 당신 입장이 되어 생각할 수 있습니다』하고 말하는 것을 의미한다. 동감은 친절과 때로 동정을 유발하지만, 공감은 다른 사람들의 감정에 대해 의무감을 느끼지 않으면서도 실질적인 인정을 해 줄 수 있게 한다.

공감은 타인에 대해 걱정하고 그가 느끼는 방식대로 느끼려고 할 때 한층 쉽게 생성된다. 물론 사업, 정치 등의 전문 직업 세계에서 공감을 갖는 것이 말처럼 쉽지는 않다. 또한 공감을 실천에 옮기는 것에는 우리의 감정, 관심사, 두려움들을 성공적으로 관리할 것이 요구된다. 공감은 남들이 필요로 할 때마다 부드러운 격려를 제공해서 긍정적인 사고와 느낌을 재창출하게 해 준다.

(4) 긍정적 태도

긍정적 태도는 사람들과 상황에 대해 미래지향적이고 진취적이며 활동적인 에너지와 행동의 흐름을 유지하는 것을 말한다. 이것은 우리 정신 세계 깊은 곳으로부터 발생한다. 긍정적 태도는 삶에 대해 감사하는 마음, 자신의 강점에 대한 인식, 자신의 안녕을 진심으로 걱정해 주는 사람들로 둘러싸인 가운데 구축되어 간다.

개인의 철학은 자신이 누구이고 살아 가는 목적이 무엇인지를 인식하는 도구이다. 긍정적 철학에는 단순히 「나」 이외의 사람들도 포괄된다. 이는 다시 말해서 자신과 아무리 많은 차이가 있더라도 남들에 대해 계속 긍정적인 태도를 견지해야 함을 의미하는 것이다.

긍정적 태도의 두 번째 국면은 자신의 목적과 목표를 달성하기 위해 획득해야 할 힘이 무엇인지 아는 것으로부터 출발한다. 이는 자신의 재능, 관심사, 열망의 목록 등을 작성한 뒤에 반복적 행동을 거치는 동안 발전되는 것으로서, 자신의 인생에 대한 목적성 부여라는 긍정적 결과를 맺게 해 준다.

그러나 긍정적인 철학과 행동 계획을 갖는 것만으로는 한계가 있다. 여기에는 긍정적 태도의 세 번째 핵심 국면으로서 이와 유사한, 또는 보완적인 에너지라는 자원을 통해 자기 스스로를 강화할 것이 요구된다. 이때 자신의 자원이 고갈된다면 다른 사람들과의 지원적인 관계를 통해 재충전을 해야 한다. 남들과의 관계는 우리가 인생에서 겪는 퇴보나 역경으로부터 회복하기 위한 내부적 힘에 자신의 모든 것을 집중할 수 있도록 도와 준다.

(5) 타인에 대한 존중

다섯 번째의 주요 유연성 요소는 다른 사람들에 대한 존중이다. 우리가 우리 나름대로 타인들을 대우하는 것은 긴장을 야기시킬 수 —— 타인이 나의 방식을 좋아하지 않을 수 있기 때문에 —— 있다. 그 대신 남들을 그가 원하는 대로 대우해 줌으로써 황금률의 진정한 정신과 실제적인 의도를 구현할 수 있게 된다. 또 그것이 다른 사람들에 대한 고려와 올바른 대응을 위해 필수적인 태도이다. 타인을 존중하는 것은 자신의 방식이 아닌 타인의 요구와 믿음에 따라 대우하는 방법을 익히는 것이다. 이는 개인과 집단 관계에서 보다 큰 윤리적 이해와 수용을 보장해 준다. 다양한 인간 관계와 문화에서 이와 같은 자질은 개인적 고결함으로까지 드러난다.

「타인에 대한 존중」을 좁게 해석하면 「참견하지 않는 것」을 의미

할 수도 있지만, 광범위한 의미에서는 보편적인 공동의 관심사를 추구하고 상호 공동 승리의 결과에 도달하기 위해 함께 노력하는 것을 의미한다. 이런 태도는 인생에서 「나와 타인들」이란 정신 상태를 깨뜨리고 「우리」라는 기회에 집중하기 위한 전망으로 진행된다. 이 태도를 계발하기 위한 두 가지 방법으로서는, ① 황금률의 정신을 실천하는 것과 ② 타인들과의 관계에서 상호 공동으로 승리할 수 있는 문제 해결의 접근 방식을 사용하는 것을 들 수 있다.

이상 높은 유연성을 이루기 위한 5가지 요소의 계발과 실천은, 우리가 타인들과 나 자신이라는 양쪽의 욕구 모두를 만족시킬 수 있도록 우리의 행동을 적응시킬 수 있는 위치에 서게 한다. 하지만 적응의 의지만으로는 충분하지 않다. 나머지 절반의 힘은 실질적인 적응 능력—— 다시 말해서 「탄력성」—— 을 표현하는 것으로부터 출발한다.

탄력성

다행스러운 사실은 유연성과 마찬가지로 탄력성도 계발이 가능하다는 점이다. 보다 탄력적인 사람들은 어떠한 상황에 접근하든지 간에 이를 지속적인 학습과 개선의 기회로 여긴다. 무릇 사람들은 보다 탄력적일 수도 그렇지 않을 수도 있다. 탄력성의 5가지 특성은 탄성, 비전, 주의력, 수행 능력 및 자기 수정력이다.

(1) 탄 성

탄력성의 관점에서 볼 때 탄성은 퇴보, 장애 또는 제한적인 자원을 극복하고 이에 대처해 나가는 것을 말한다. 그것은 인내력과 끈기의 척도가 된다. 탄성이 뛰어난 사람들은 장애를 쉽게 극복한다. 탄성은 감정적으로 강력하고 정신적으로 굳셀 것이 요구된다.

탄성의 특성에는 끈질긴 노력을 통하여 최종적인 성공을 획득하는 행동들도 포함된다. 물론 여기에는 자신감과 긍정적 태도라는 유연성 차원에 관련된 요소들도 관계하고 있지만, 탄력적인 사람들은 추진력 있는 접근 방식을 사용하여 문제 해결에 나선다는 측면에서 볼 때 탄성과 유연성에는 질적인 차이가 있다.

역사는 이와 같은「결코 포기하지 않는」사람들의 반복적인 영웅적 행동으로 채워져 있다. 그리고 그들 중 상당수는 타인들보다 훨씬 긍정적이고 자신감에 차 있다. 탄성의 개발에는 우리가 편안하게 느끼는 범위를 벗어나 적극적으로 상황——새로운 지식, 기술, 태도들을 습득하고 응용할 것을 요구하는——에 대처하는 것이 포함된다. 탄성은 개인의 지속적인 행동 개선 패턴을 말한다.

(2) 비 전

비전을 갖고 있는 사람은 미래의 바람직한 결과와 그것에 도달할 수 있는 방법을 안다. 비전은 그곳에 이르기 위한 행동 전략은 물론, 합의된 목표를 향해 가는 과정에서 다른 사람들에게도 활력을 불어넣을 수 있는 공동의 집중력을 제공해 준다.

비전은 오늘날 우리가 겪는 변화의 비율, 성질, 방향성과 같은 조건 하에서 미래에 대해 가능한 시나리오를 예견하는 데 필요하다. 비전이 없다면 사람들은 일상적 삶의 잡다함 속에서 길을 잃거나 자신의 활동과 지속적인 집중 상태를 허무하게 생각하고 목표 상실감을 느낄 것이다.

비전은 다양한 형태를 갖는다. 이를테면 보다 많은 돈을 버는 것, 문제를 해결하는 것, 상황을 개선하는 것, 창조 또는 개혁하는 것, 아니면 보다 많은 즐거움을 갖는 것 등이 있다.

어떤 사람들은 이러한 비전 설정에 특별한 재능을 갖고 있고, 어떤 사람들은 오직 현재의 문제점이나 필요성만을 바라본다. 비전은 지금부터 5~10년 뒤의 미래를 상상하는 것이나 우리 또는 우리 회사가 겪게 될 변화를 그려 보는 기법 등을 통해 개발될 수 있다. 이와 같은 정보를 통해 우리는 현재 처한 위치와 장차 바라는 모습 사이에 있는 간격을 올바르게 평가할 수 있고, 그 간격을 좁히기 위한 여러 가지 계획들을 설계할 수 있는 것이다.

(3) 주의력

주의력은 우리 환경에서 진행 중인 변화를 지각하는 것을 의미한다. 그것은 누군가가 지루해 할 때 그것을 눈치채는 것일 수도 있고, 지금은 자신의 의견을 펼칠 적당한 시간이 아닌 것을 깨닫는 것처럼 아주 간단한 것일 수도 있다.

주의 깊은 사람들은 행동할 때와 행동하지 않을 때의 차이를 알고 처신한다. 주의력이 있는 사람들은 추세, 패턴, 변인, 기회 등에 항상 주목한다.

주의력을 갖추려면 우리 자신에게서 고정된 사고와 시각을 버리는 것이 필요하다. 모든 감각을 동원하여 특정 상황과 개인에 대해 최대한으로 몰두할 때, 우리는 행동을 보다 정확하게 대상한테 적응시켜 갈 수 있다. 주의력이 있는 사람은 비전의 힘을 통해 자신과 남을 위한 긍정적 변화를 가져올 수 있다. 주의력은 개인적 노력의 기능이란 측면이기도 하고, 지속적으로 의식 수준을 향상해 가는 것이기도 하다.

(4) 역 량

여기서의 역량이란 단순히 선택된 분야에서 특정 능력을 갖는 것 이상을 말한다. 물론 역량 자체는 자신의 직무 및 관심 분야에서 많이 알고 숙련성을 보이는 것을 의미하는 것이 분명하지만, 그 이상의 문제 해결의 능력을 가짐으로써 자신의 전문 분야를 넘어서까지 진행할 수 있도록 해 주는 것을 의미하기도 한다. 그것은 새롭고도 다양한 주제, 사람, 상황들에 대한 업무 지식을 개발하고 표현하게 해 준다.

그러므로 역량 있는 적응성은 과업과 사람 지향적인 행동 모두를 포괄한다. 역량의 제시에는 현재 자신이 하는 일을 아는 것과 무엇인가를 완수하는 법을 아는 것, 타인과 효과적으로 커뮤니케이션을 갖는 것 등이 모두 포함된다. 하나의 분명한 수준 하에서 어떤 사람의 역량은 그 사람이 할 수 있다고 말한 것을 실제로 할 수 있는지 여부와 관련된다.

하지만 역량에는 다른 차원들도 있다. 고도의 성과를 얻는 사람들에 대한 연구를 반복하다 보면 개인적 역량에 대한 통찰력을 쉽게 얻을 수 있다. 이들은 현실적인 개인 목표를 지속적으로 설정하고, 진보에 영향을 줄 수 있는 자원과 장애에 접근해 가면서 성공에 공헌하는 방식을 따르는 지속적인 행동을 취한다. 때로 이들은 지속적인 성공을 지향하는 핵심적 행동, 태도, 요소들에 대해 반성하는 시간을 갖기도 한다.

(5) 자기 수정력

다섯 번째이자 탄력성의 마지막 특징은 자기 수정력이다. 이것은 변화를 창출하고 결과를 평가하며 항시적인 개선을 이끌 수 있도록 쉬지 않고 고쳐 나가는 능력을 말한다. 이 능력을 갖춘 사람들은 보다 다양한 사고를 위한 음식물과 문제 해결을 위한 선물을 구하듯이 타인들의 피드백을 구한다. 그들은 단순히 올바른 것 이상으로 향상을 이루기 위해 자기를 몰아붙인다. 이러한 힘을 갖고 있는 사람들은 비생산적인 행동 패턴을 보여 주었던 때가 언제인지를 분명히 인식한다.

자기 수정력의 계발을 위해서는 우수성과 개인 자질의 향상을 위해 계속 추진해 나가야 한다. 왜냐하면 모든 것에 이상이 없을 때는 우리가 무엇인가를 바꾼다는 생각을 쉽게 할 수 없기 때문이다. 우리는 무엇인가 새롭고 불완전하며 미완성의 것이 있어야 수정의 기회를 찾는다. 또 이 시점은 멘토링(역주 mentoring 상세하게 지도하는 것), 피드백, 목표 설정, 지속적 개선 등의 실천이 아주 절실하고 중요한 때이기도 하다.

자기 수정력이란 실수에 대한 학습을 통해 기존 과정을 고치는 것이기도 하다. 그것은 상황이 악화되거나 또는 사소한 어려움이 엄청난 문제점으로 발전하기 전에 변화를 위한 기회를 찾아 내고 이를 실천하는 것이므로 대단히 중요하다.

자기 수정력을 위한 간단한 기법으로는 「일상적인 점검」 따위가 있을 것이다. 일과가 끝나기 전 단 5분만이라도 구체적인 자기 수정 목표를 위한 진보 사항이나 다음 날 이 진보를 지속하거나 강화하기 위해 필요한 핵심 행동들이 있다면 개인 일지에 기록하자.

결 론

적응력은 유연성과 탄력성을 모두 필요로 한다. 유연성은 행동에 적응성을 부여하려는 의지를 말하는데, 이는 자신감, 관용, 공감, 긍정성, 타인 존중에 의해 강화된다. 탄력성은 행동의 적응성에 관련된 능력을 말하며 탄성, 비전, 주의력, 수행력, 자기 수정력 위에 구축된다.

적응력의 유연성 차원에는 자신, 타인, 상황 등에 대한 개인적인 태도가 포함된다. 이것은 필요시 개인의 관점과 입장을 변화시키려는 의지력의 정도를 나타낸다.

어느 개인이 유연성을 어느 정도로 지향하는가 하는 것은 그 사람이 고도의 안정성과 개인적 가치 및 풍요로움에 대한 감각을 얼마만큼 갖고 있는가의 척도가 된다. 이는 또한 사람들과 상황을 개방적이고 탐구적인 태도로 처리하려는 마음과 자신을 포함한 다른 사람들이 바라는 각자의 목표나 결과에 대해서 긍정적인 기대치를 갖는 것을 의미한다.

유연성을 갖춘 개인에 비교해 볼 때, 탄력적인 사람들은 자신을 따라다니는 중압감은 물론 여러 가지 상황들을 현실적으로 또는 생산적으로 관리하는 확실한 능력을 갖는다. 이와 함께 이들의 행동은 분명히 목표 지향적이다. 이러한 행동은 이들의 개인적 열망과 타인과의 관계, 자신이 원하는 결과를 생성하기 위한 의미 있는 목적성을 부여해 준다. 탄력적인 사람들은 어려운 상황의 요구에 부응하는 문제 해결 행동을 보여 준다.

우리는 자신의 행동 성향과 패턴에 갇혀 있을 필요가 없다. 대신에 유연성과 탄력성을 증가시켜서 자신과 인간 관계, 처한 상황 등의 관리를 통한 개인적 성공과 효과성을 얻을 수 있다. 우리는 보다 높은 유연성과 탄력성을 갖출 것인지 아니면 낮은 유연성과 탄력성을 갖출 것인지를 선택해야 하는 기로에 서 있다.

실무에서 : 업무 현장에서의 문제 해결방식

업무 현장에서의 행동유형

이번 장을 읽기 전에 먼저 자신과 함께 일하고 있는 4가지 유형 ——지시형, 사교형, 관계형, 사색형——의 사람들을 머리에 떠올려 보자. 지금까지 배운 내용을 적용하여 그들과의 직무 관계를 개선하려면 어떻게 하는 것이 좋을까? 그들의 업무 수행 과정에 이익이 될 수 있는 특성은 어떤 것일까? 또 불리하게 작용하는 특징은 어떤 것이 있을까?

행동유형과 일상적인 업무 수행 간의 연계성을 이해하기 위해서는 네 가지 성향이 자신의 업무에 어떤 영향을 끼치는지부터 깨닫는 것이 중요하다.

모든 업무에는 서로 다른 방식의 문제 해결을 요하는 과업들이 포함되기 마련이다. 그리고 업무 요건이 다른 만큼 자신이 좋아하는 행동 패턴에 들어맞는 정도도 다를 것이다. 상당히 복잡한 업무의 경우에는 그 일의 기대치를 달성하기 위해서 고도의 적응력이 필요할 수도 있는데, 이 적응력은 때로 자신의 선천적인 내재적 동기 유발을 일으키는 능력과는 완전히 다를 수도 있다.

업무 현장에서 지시형의 행동

지시형들은 감독권을 행사할 수 있는 권한을 갖는 지위나 직업 분야를 선호한다. 예를 들면 다음과 같다.

- 조직의 대표자나 최고 경영자(공식적으로 인정받는 지도자)
- 정치인
- 경찰 간부나 군대 장교
- 임원 또는 고위 관리자
- 기업가
- 사업체 소유주
- 계약직 전문가

(1) 지시형의 사고방식

전형적인 지시형은 스스로를 문제 해결 지향적 경영관리자로 간주하고, 단지 도전이 존재한다는 사실만으로도 즐거움을 느낀다. 그들은 창조적인 —— 자기 나름의 방식으로 —— 과업 완수의 기회를 노린다. 지시형들은 독립적이며 강인한 의지로 쉬지 않고 목표를 추적하는 사람들이다. 또 어떤 사람들은 스스로 대단한 자신감을 갖고 있다고 생각하면서도 실제로는 그렇지 않은 경우도 있다. 지시형들은 자기가 이해하지 못하는 기사를 읽게 되면 본능적으로 그 기사에 결함이 있는 것으로 반응한다. 이들의 자기 이미지는 매우 높고, 또 만들어 내는 성과 역시 그렇다.

(2) 지시형의 업무방식

지시형들은 구체적이고도 확실한 결과를 쫓기 때문에 여분 시간에도 업무 처리에 몰두한다. 이런 성과 지향적 태도는 극단적인 경우 한없이 이어지는 업무 패턴으로 나타나기도 한다. 이런 경우, 그들은 많은 희생——업무 달성량이 쌓여 갈수록 이에 반비례하여 개인적, 사회적 생활은 엉망이 되어 가는——을 치르기도 한다.

지시형들은 남들이 충분히 생산적이지 못하다고 생각할 때 행동의 유도를 이끌어 내기 위한 의사 표현의 반응을 보일 수도 있다. 『가만히 서 있지 말고, 뭐라도 좀 해 봐!』 지시형들은 대체로 과업을 만들어 내고 이를 완수하며, 또 여러 가지 일을 동시에 벌여 놓는 정치가적인 리더십의 재능을 보여 준다.

지시형들은 공(과업) 세 개를 던져서 모두를 공중에 떠 있도록 하기도 한다. 이들은 많은 일을 동시에 처리하는 다지형(多肢型)의 행동 전문가들이다. 공 세 개를 띄우는 것에 익숙해지면 또 다른 공을 집어든다. 그리하여 눈으로 분간이 안 될 만큼 빠른 속도로 이들을 띄울 때까지 중단하지 않는다. 그러나 과업과 성과의 양을 늘려 갈수록 이들의 중압감도 더욱 증대된다.

이론적으로는 이런 중압감을 줄이기 위해 공 하나를 내려놓아야 한다. 하지만 지시형 사람들은 모든 것을 한꺼번에 할 수 없다는 사실이 자신의 이미지를 흐리게 하는 것이라고 여긴다. 이들은 지루해지거나 하루만에 이와 같은 균형잡기 행위를 하기에 시간이 충분하지 않아 지쳐 빠질 때까지는 자신의 과업량으로 다른 사람들을 압도하고 싶어한다. 그리고는 모든 것을 내려놓고 또다시 자신의 활동에 대한 새로운 방향을 선정하여 똑같은 패턴을 질릴 때까지 반복한다. 지시형들은 보통 이것을 「새로운 질서의 우선권(reordering priorities)」으로 부른다.

지시형들은 프로젝트에서 한 발 물러서고 다른 사람들에게 그 일을 맡게 하는 방법을 터득함으로써 자신을 통제해야 한다. 그렇지 못할 경우 무턱대고 과업에 매달려 있는 모습은 다른 사람들을 실망하게 만들 수 있다. 또한 이들이 자신이 내린 결론에 대해 이유를 말로 설명할 수 있고, 보다 느슨한 상태로 자신을 드러내도록 페이스를 조정할 수 있다면 남들에게 보다 우호적인 반응을 얻을 수 있다. 또한 진심에서 우러나는 칭찬을 아끼지 않는 가운데 비판 의식을 완화시킨다면 타인들에 대한 비난도 누그러뜨릴 수 있다.

(3) 지시형의 동기를 자극하는 것

지시형인 성인은 대개 다양한 품목들——특히 그것이 시간과 돈을 절약해 줄 것으로 보일 때는 더욱——을 축적해 두기 좋아한다. 효율성은 이들의 최대 관심사다. 어떤 지시형의 사람은 너무 조급한 성격 때문에 푸른 토마토를 사 본 적이 없다고 했다(푸른 토마토는 며칠만 지나면 빨갛게 된다). 또 다른 친구는 비디오 플레이어에 빨리 돌리기가 있어서 TV 광고를 지나칠 수 있는 것이 좋다고도 했다. 세 번째 친구는 운전 시간을 최대한 활용하기 위해서 카폰을 샀다고도 했다. 그는 일반 전화를 통해서 상대방이 그의 생각을 실천에 옮기는 시간도 기다릴 수 없었던 것이다. 또 다른 지시형은 사무실에서 멀리 떠나 있을 때 비서에게 자신의 우편물을 팩스로 보내라고 지시해 두기도 한다.

지시형은 경쟁형이기도 해서 자신을 남들과의 영원한 경쟁에 참여하는 인물로 가상하기도 한다. 보통 다른 유형들은 보고서를 제출할 때 시한에 맞춰 제출하면 그만이지만, 지시형은 그렇지 않다. 이들의 보고서는 다른 사람들의 보고서에 대항하여 무엇이든 유리한 지위를 찾기 위해 경쟁한다. 이들은 통제권을 원한다. 따라서 오직 한 사람만이 살아 남는 경기는 이들이 제일 좋아하는 게임이다. 이것이 극단적으로 표현될 때, 지시형은 모든 것을 보고, 듣고, 알아 내는 전문가의 역할을 맡으려고 한다. 이와는 반대로 다른 모든 사람들은 상대적으로 중요성이 떨어지는 위치에 머물러 있어야 한다.

지시형은 강력한 이미지에도 불구하고 그들만의 한계점을 갖고 있다. 우선 이들은 자질구레한 이야기에는 귀를 기울이지 않는 까다로운 청취자들이기 때문에 적응력을 높이기 위한 경청 기술과 다른 사람들의 욕구에 대한 인식 능력이 개선되어야 할 것이다. 또한 단지 다른 사람들에게 무엇을 할 것인가를 지시만 하지 말고, 그들의 생각과 의견을 들어줌으로써 보다 원만한 직무 완수—— 모든 사람들의 편의를 위한—— 가 손쉽게 이루어질 것이다.

지시형들은 이런 모습들을 올바르게 갖추게 될 때 안정성, 예측 가능성, 그리고 공동 목표를 위한 지원을 제공해 주는 다른 보완적 유형의 사람들과 보다 원만한 직무 관계를 구축할 수 있을 것이다. 지시형 사람들에게 있어서 이들 각각의 다른 유형의 사람들은 과업을 올바른 전망 위에 올려놓고, 자신의 에너지를 채워 주고, 이따금씩 손상되는 자존심을 어루만져 주기 위해 필수적인 사람들이다. 또한 그들의 평가 반응은 지시형 사람들이 객관성, 정확성, 타인 욕구의 대응성에서 이탈하지 않도록 해 줄 것이다.

(4) 지시형에게 접근하는 방법

간혹 다른 유형의 사람들은 지시형의 저돌성과 조급성을 「참견마!」 정신으로 파악한다. 그러나 역설적으로 아무도 참견하지 않는다면, 지시형들에게는 그가 원해 마지않던 통제권에 손상이 오는 결과가 발생할 것이다. 예를 들어 동료나 부하 직원들이 지시형을 너무 많은 일에 묻혀 사는 사람으로 인식했다면, 그들은 그 사람 일에 참견하기를 주저하므로 이는 곧 일의 지체로 이어진다. 그 결과 지시형은 그들이 보다 접근가능한 사람들이었다면 가능했을 경우보다 훨씬 늦게 업무의 진행 상황에 대해 알게 된다.

지시형은 다른 유형들과는 달리 전통적인 실천 방식에 얽매이지 않는다. 그들은 자신의 높은 권한에 맞춰 대응하기를 좋아한다. 따라서 이들은 자기가 원하는 결과에 대한 통제권을 확보하려고 스스로가 윗사람이 되고자 한다. 지시형은 이러한 욕구를 만족시키기 위해 변화의 기회들을 추구하거나 만들어 낸다. 그들은 스스로가 고도의 리스크가 있는 상황에 몰두하기도 하는데, 그것은 도전에 대한 흥미가 행동하는 데 활력이 되어 주기 때문이다.

어떤 지시형들은 천성적으로 즐거움과 업무를 조합시키는 재주를 갖고 있기도 하다.

다음 예를 통해 지시형인 댄의 경우를 고찰하도록 하자. 그는 크리스마스에 자신의 직원들한테 특별한 선물을 주기로 했다. 그것은 호놀룰루에 업무와 유흥을 겸한 여행을 보내는 것이다.

댄은 버스 관광에서부터 매일 매일의 세미나와 그룹 토의 내용에 이르기까지 완벽한 일정표를 만들어 두었다. 그는 스탭들이 자신의 계획에 대대적인 찬성을 표할 것으로 믿었다. 그러나 실제로는 꽉 짜이고 고정적인 일정에 대해 불평하고 있다는 이야기가 돌자 너무도 실망했다.

『도대체 자기가 뭐라도 되는 줄 아는 거야? 당연한 휴가를 주면서도 워크숍과 세미나로 묶어 놓다니. 게다가 숨쉬는 시간까지 모두

자기와 함께 하라고 했다면서!』

『글쎄 말야. 정말 너무해! 단 한 번만이라도 자기가 원하는 대로만 하지 말고 우리가 원하는 것이 무엇인지 물어 보기라도 했다면 또 몰라.』

『누가 아니래.』

이 이야기를 듣고 댄은 즉시 그 불평자들에게 달려가서 한 마디하고 싶은 충동이 들었지만, 잠시 생각한 뒤 부인에게 전화를 걸어서 현재 일어나고 있는 사건을 상의하기로 했다.

『그들 의견도 일리가 있어요, 여보. 그들은 어떻게 할 것을 지시받기에 앞서서 그 의사 결정에 참여하는 것을 원했던 거예요.』

『하긴 내 방식이 권위주의적인 점은 있지.』

『당신도 그렇게 생각하셨다니 반갑네요.』

『그렇다면 비공식적 미팅을 열어서 그들이 원하는 것을 말할 수 있는 기회를 주어야겠어.』

그는 그렇게 했다. 직원들은 그에게 감사를 표했다. 이와 별도로 자기 자신 외에는 다른 누구의 점검도 필요가 없는 며칠간의 시간을 내서 가족을 만나고 싶다는 말도 했다.

『그게 전부요?』

댄이 물었다. 그룹은 동의했다.

『이건 내가 생각했던 것보다 훨씬 간단하군.』

댄의 경우는 다행스럽게도 자신이 직원들의 입장에서 생각해 보았고, 그들의 관점——직원들은 의사 결정의 일부에 참여하고자 했다——을 살필 수 있었다. 물론 댄으로서는 결정을 내린 뒤 다른 사람에게 사후 활동을 하도록 지시하는 게 훨씬 간편했을 것이다. 하지만 그랬을 경우 그가 원하는 것은 직원이 원하는 것과 반드시 일치하지 않을 수도 있는 것이다.

(5) 지시형 지도자들

지시형은 숨김없이 말하고 무의미한 행동을 피하며 통제권을 장악하는 유형의 사람들이다. 해리 트루먼 대통령은 다음과 같은 유명한 진술로써 지시형인 사람들의 업무 중심적 태도를 잘 보여 주고 있다. 『만일 여러분이 열을 견딜 수 없다면, 부엌에서 나가 버리면 그만이다.』 지시형 사람들은 과단성 있는 지도력과 빠른 결과를 위한 직접적 행동들을 이끌기 원한다. 이들은 스트레스를 받으면 더욱 거세게 몰아붙이거나 색다른 방식으로 적극적 대응에 나선다.

극단적인 경우, 이들은 어떤 모토에 따라 움직이는 사람처럼 보이기도 한다. 『준비! 발사! 조준!』 이는 모두가 사전에 위험을 평가해 보지 않고 뛰어들기부터 하는 그들의 천성적인 성향 탓이다.

이에 관한 좋은 예로는 자신의 학교를 전형적인 지시형 방식으로 경영하고자 했던 어느 초등학교의 여교장에게서도 발견할 수 있다. 그녀는 학부모들이 아이들을 위해 필요한 교사를 학교에 요청할 수 있는 특권을 폐지하기로 임의로 정해 버렸다. 그녀의 논리는 그 많은 요청서 양식들을 읽는 것이 자신의 비서에게 엄청난 시간 낭비를 가져온다는 것이었다. 당연히 학부모들의 생각은 달랐고, 자기들에게 상의도 없이 결정을 내린 것에 대해 분개했다. 이와 같은 강력한 반발은 교장이 잠시 시간을 갖고 학부모들에게 『어떻게 생각하십니까?』 하고 묻기만 해도 막을 수 있는 것이었다. 사실상 교장으로서는 학부모들의 의견을 듣기만 해도 그만이고, 그들이 원하는 바를 꼭 따라야 할 의무가 있는 것도 아니었다. 학부모들이 화를 내는 것은 그녀의 독재적 방식이었던 것이다.

이 교장은 자신의 지시형적인 본능을 따르며 결과에만 집중했지 거기에 이르는 단계들은 무시했던 것이다. 그녀는 원하는 결과의 성취에 이르기 위해 반대 의견의 단호한 억압이라는 방법을 통해 여건을 조성하고자 했던 것이다. 그녀로서는 불행하게도 어떤 학부모들도 자신들의 정당한 피드백이 없이 환경이 조성되는 것은 원하지 않는다는 사실을 몰랐던 것이다. 아무리 선의를 가진 독재자들이라도 독단적인 통치에 나설 때는 그들에게 종속되는 사람들과 충돌을 겪기 마련이다.

또 다른 지시형인 리 아이아코카는 다른 유형의 사람들에게 자신의 기질을 통합시키는 방식에 대해 이야기한 바가 있다. 그의 자서전 《아이아코카(Iacocca)》에서도 밝혔듯이, 그의 경영 철학은 『결국 모든 기업 경영은 세 가지 단어로 압축될 수 있다. 그것은 사람, 제품, 이익이다. 여기서 제일 우선적인 것은 사람이다. 당신 주위에 좋은 집단을 갖고 있지 못하다면, 나머지 두 가지에서도 별로 기대할 것이 없을 것이다』라고 정리된다.

아이아코카는 살아 있는 지시형의 전설적인 인물로서, 집단적인 팀 플레이는 지시형뿐만 아니라 다른 사람들 모두에게 좋은 결과를 가져온다는 사실을 잘 보여 주고 있다!

지시형은 스스로를 팀의 구성원이 아닌 우두머리로 간주하므로 업무 팀 내부에 깊숙이 관여하는 것은 거부하는 경향이 있다. 이들은 특히 스트레스를 받을 때 타인들의 능력을 불신하는 경향이 있다. 이럴 경우 지시형은 통제권을—— 선천적인 「나부터 먼저」 성향—— 장악하려 한다. 따라서 지시형에게는 자신을 집단의 내부로 이끌 수 있는 동료가 필요하다. 지시형 사람들은 너무 진지해지는 경향이 있으므로 인생을 다소 가볍게 받아들이고 자신에 대해 웃을 수 있도록

◎ 이것만은 기억해 두자! ◎

지시형의 업무 특성은?

- 시간의 틀을 정해 두기를 좋아한다.

- 개인적으로 통제하려 한다.

- 요점에 빨리 접근한다.

- 자신의 업무에서 중요하고도 주목받는 사람처럼 인식되려고 노력한다.

- 목표를 달성할 때까지 끈질기고도 몰두하는 태도를 보인다.

- 고도의 자존심을 보여 준다.

- 감정과 상호 관계는 소홀히 취급한다.

- 실제적인 결과를 가져오는 과업 활동에만 집중한다.

- 업무 현장에서 변화를 실천한다.

- 보다 많은 계획 수립을 위해 수시로 각종 업무들을 타인에게 위임한다.

업무 환경에서 지시형이 선호하는 것은?

- 지휘권의 장악

- 님에게 지시할 수 있는 지위

- 자신의 에너지 수준에 활력을 불어넣을 만한 업무에의 도전

- 직원들 또는 동료들의 업무 활동을 지켜보거나 이에 정통하는 것.

- 다른 사람의 감정이 다치는 것을 걱정하지 않고 마음 속에 있는 말을 하기

- 위험 감수

- 변화에 몰입하는 것.

- 규칙을 임의로 해석하고 자신의 욕구에만 대응하기

- 「어떻게」보다는 「무엇을」 하는가에만 집중하는 것.

- 점진적이고도 지속적인 진보에 이르기 위한 논리적 길을 밟아 가는 것.

항상 깨우쳐 주는 온화한 사람들과 만나면 혜택을 입을 수 있다.

천성적으로「하고 보자」는 방식인 지시형들은 자신의 에너지를 올바른 방향으로 흐르도록 하기 위해서 남들의 도움이 필요하다. 왜냐하면 그들은 경외에 대한 열망과 현실을 구분하는 데 어려움을 겪기 때문이다. 지시형은 다른 어떤 유형들보다 『그건 불가능해!』라는 말을 들었을 때 특히 더욱 열심히 노력한다.

지시형 사람들은 다른 사람들의 감정을 지각할 수 있을 때 비로소 타인들과의 만족스런 관계 수립에도 성공을 거둘 수 있을 것이다. 자신들의 선천적인 전제주의적 성향을 막기 위해서는 의식적으로 한발 물러서고 속도를 늦추며 다른 사람들의 의견과 관심사를 들어 주는 노력이 필요하다. 그 대신 남의 기술을 장려해줌과 동시에 과업 분석에 보다 철저하게 임할 것도 요구된다. 지시형은 본능적으로 또 다른 도전에 뛰어드는 성향이 있다. 하지만 그들이 처음부터 보다 많은 세부사항에 집중한다면 성급함에서 비롯되는 문제점들을 예방할 수도 있을 것이다.

다른 유형들은 지시형처럼 빠른 결과와 무모한 저돌성이라는 특성을 갖고 있지 않다. 따라서 지시형들이 타인에 대한 직접적 접근 방식에서 경직성을 줄일 수만 있다면, 자신과 다른 사람들의 차이를 유익하게 이용하는 방법을 익힐 수 있을 것이다.

업무 현장에서 사교형의 행동

사교형들은 다른 사람들에게 영향력을 행사하고, 사교와 어울리기와 긍정적 반응 획득을 겸할 수 있는 직업을 좋아한다. 이를테면 다음과 같다.

- 홍보 전문가
- 연예인
- 토크쇼, 파티, 레스토랑, 항공사 등의 사회자나 주인
- 레크리에이션 지도자
- 정치가
- 인물 탐방 기자
- 판매 및 영업직

(1) 사교형의 사고방식

사교형은 생각한 바를 쉽게 털어놓는다. 이들에게 사무실 책상은 갑갑한 곳이어서, 대개는 이곳저곳을 어슬렁거리며 수위에서 상사에 이르기까지 눈에 띄는 사람이면 아무나 친근한 듯 이름을 불러대며 말을 건다. 이 과정에서 그들은 타인의 반응이 있으면 어떠한 것이라도 그것을 탐색하려 하고, 자신에 대한 논평이 있을 경우에는 눈에 띄게 흥분한다.

다른 유형 사람들은 이러한 사교형의 행동을 게으름을 피우는 것으로 간주하기도 한다. 하지만 그러한 외양만으로는 현혹되기 쉽다. 비록 사교형이 사무실 이곳저곳을 헤집고 다니고는 있지만, 그 과정에서 이들은 다른 사람들로부터 좋은 아이디어를 빼앗아 가는 것일 수도 있다. 사교형이 하는 행동은 단순한 대화가 아니다. 그들은 만나는 모든 사람들과 브레인스토밍을 꾀하는 것일 수도 있다. 따라서 다른 사람들이 자기 의견을 어떻게 생각하는지 관찰하는 것은 이들에게 매우 중요하다. 이들은 타인의 반응을 원하고 때로는 대화를 통한 간헐적인 칭찬을 원한다. 이 유형의 사람들은 자신의 본능을 마음대로 발휘할 수 있을 정도로 비형식적이고도 느긋한 환경을 좋

아한다. 책상 사이를 건너다니며 대화하는 것은 이들의 교우 관계에 대한 욕구를 반영한다. 사교형은 미래의 경험을 공유할 대상을 찾기 위해 사람들에게 자신의 현재를 나누어 주고자 한다. 이들은 동료들과 행복한 대화를 나누는 가운데 업무와 즐거움을 함께 진행시킨다. 이들은 자기가 배웠거나 얻었거나 실제로 행하고 있는 모든 것에서 즐기기와 어울리기를 실천한다.

귀납적 사고 방식을 선호하는 사교형 사람들은 우선 전체상을 생각하고 다음에 세부사항으로 넘어간다. 그러나 광범위한 개괄을 살핀 뒤에는 개인적으로 구체적 사항들의 고찰에 얽매이려고 하지 않는다. 이들은 직관력이 뛰어나기에 일련의 아이디어를 쉽게 만들어 —— 그 중에는 실행 가능한 것도 있고 불가능한 것도 있지만 —— 낸다. 만일 그 아이디어가 그럴듯하게 보일 때는 사교형 사람들은 다른 사람들로부터 그것에 대한 반응이나 열의를 유도해 내고자 노력한다. 이런 과정들은 사교형들이 너무 과도한 모험을 계획하고 있을 때 현실로 돌아서는 계기가 되기도 한다.

(2) 사교형의 업무방식

사교형은 따뜻함과 친근함, 타인의 수용성을 좋아한다. 이들은 단순히 사업 관계를 넘어선 교류를 선호하기 때문에 업무를 하기에 앞서 우선 친구처럼 지낼 수 있는지부터 살핀다. 만일 당신이 만나는 고객 중 점심을 하자거나 술 한잔, 또는 저녁에 초대하거나, 『뭐 재미있는 일 하고 계시는 것 없어요?』하고 묻는 고객이 있다면 그는 아마 사교형일 것이다.

지시형과 마찬가지로 사교형의 페이스도 빠른 편이다. 다만 지시형이 과업으로 바쁜 동안에 사교형은 온갖 활동에 참여하느라고 사무실을 이리저리 뛰어다닌다. 그들의 걸음에서는 때로 낙관주의와 활력이 풍기기도 한다. 그들은 진행하면서 관찰하고, 장애와 있을 수 있는 문제점들을 피하려고 한다.

사교형 사람들은 선천적으로 다변형이고 인간 지향적이므로 타인의 존재, 인기, 사회적 인정 등에 파묻히고, 대체로 너무 많은 세부 사항들로부터는 자유롭고 싶어한다. 만일 이러한 욕구를 만족시켜 주는 직업이 있다면, 그들의 선천적인 강점을 충분히 활용할 수 있을 것이다. 물론 다른 유형들과 마찬가지로 사교형의 직업이 꼭 그들의 유형과 일치하지는 않는다. 하지만 많은 사교형들이 자신의 내적 욕구를 충족시켜 주는 인간 지향적이고 고도의 가시성을 가진 직업에 진출해 있다.

디즈니 사의 구성원들을 예로 들어 보자. 디즈니 사는 밤 10시에도 아침 10시와 똑같이 원기왕성하게 인간 지향적인 모습을 보여 줄 수 있는 사교형들을 고용한다. 공원 관광 가이드의 경우는 교대 시간이 될 때까지 계속 미소지으며 재치 있는 설명을 반복한다. 이러한 성격은 좀체로 가르쳐지지 않는다. 모든 직원들이 사람들과 뒤섞일 때 활력을 얻거나 그렇지 못한 것 중 하나라고 한다면, 사교형들은 전자에 해당된다. 디즈니 사에서는 심지어 휴식 시간에도 구성원들을 사람이 없는 자유 지대에서 쉬게 함으로써 손님에 대한 긍정적 활력을 지속적으로 유지시키고자 한다.

사교형 사람들은 교우 관계와 사회적 인정을 원하기 때문에 때로 집단의 사기에 공헌을 함으로써 자기의 욕구를 만족시키기도 한다. 업무 중에도 수시로 다른 사람들의 이름과 사적인 사실들을 알아 내려고 한다. 이들은 다른 동료들, 특히 다른 유형의 사람들에게서 적절한 반응을 획득하는 과정을 통해 많은 혜택을 입을 수 있다. 관계형이 안정성을 희구하고, 사색형이 정확성을 추구하고, 지시형이 단호함을 보여 준다고 한다면, 사교형은 열정과 활력을 가져다 준다. 이들이 적절한 메모 습관을 기르고 체계화나 우선 순위 설정에 의거하여 업무를 수행할 수만 있다면 전 사무실이 원활한 기능성을 보일 것이다. 사교형들은 마치 열려 있는 책과 같아서 언제가 휴가일인지도 금방 눈치채도록 행동하기 때문에 다른 사람들이 몇 마디의 격려만 해 주어도 쉽게 활력을 보여 줄 것이다.

사교형은 너무나 많은 일을 한꺼번에 추진하다가 종종 정해진 기간 내에 과업을 끝내지 못하기도 한다. 또는 너무나 많은 업무의 동시 실행으로 인해 중요한 과업을 마지막까지 질질 끌기도 한다. 따라서 사교형은 기록하기와 우선권 설정의 습관을 기른다면 언제 무엇을 해야 하는지 기억하기 쉬울 것이다.

(3) 사교형의 동기를 자극하는 것

사교형은 언제나 마음 속에 꿈을 간직하고 있기 때문에 다른 사람들을 자신의 생각에 이끌어들이는 데도 익숙하다. 그들의 설득력은 찬동자들의 감탄을 불러옴과 동시에 비난자들을 실망시킨다. 사교형은 능숙한 언변을 구사하므로, 극단적인 경우는 현란한 말 잔치로 회피적인 이중 의미를 만들어 내기도 한다.

전형적으로 외향적 사람인 사교형은 자신의 정력에 활기를 불어넣기 위해 늘 밖으로 눈을 돌린다. 그들은 동기 유발용의 서적과 녹음 테이프, 강연을 즐기는데, 이 모두는 힘을 재충전해 주고 장애를 극복하는 피로 회복제의 구실을 한다. 이 방식들은 실질적인 성장의 기회를 제공해 준다. 사교형은 「문제점(problem)」이란 말보다는 「기회」나 「도전」이란 말을 좋아한다. 문제점이란 말은 사교형처럼 낙관적 사람한테는 너무 부정적 사고로 물든 단어이다.

(4) 사교형 지도자들

지도자로서의 사교형은 자발적이고도 표현 중심적인 행동을 통해 주목할 만한 결과를 얻으려고 한다. 이들은 항상 『긍정적으로 생각하자』는 말로 직원들, 동료들, 상사들에게 원만한 직무 수행을 격려하기도 한다. 『꿈을 추구하라』나 『열 번 찍어 안 넘어가는 나무 없다』는 사교형의 감정을 잘 표현해 주는 문구이다. 비록 지시형에 비해서는 변화에 자극받는 강도가 낮기는 하지만, 이들도 다른 사람들에 의해 기회 포착을 강요받으면 쉽사리 위험을 감수한다. 그리고 모든 파생 효과에 대한 충분한 고려가 없을 경우, 때가 늦은 뒤에 자신의 충동성을 후회하기도 한다.

(5) 사교형에게 접근하는 방법

사교형은 다변형이기에 다른 어떤 유형보다도 부적절한 소리를 —— 자기에게나 남에게나 —— 잘 한다. 이러한 다변성에 감정이 혼합되면 종종 문제가 발생한다. 말을 중단해야 하는 시점과 경청할 시점을 구분하는 것이 이들의 성장을 위해 필요하다. 물론 그들의 본능적인 행동으로 다른 사람들이 활력을 얻기는 하지만, 상당수의 경우 그들의 자유분방함에는 제한이 요구된다.

사교형 사람들은 언제든지 의견을 제시할 수 있는 아이디어맨이다. 이들의 이러한 본능적 행동은 다른 사람들이 약속으로 받아들이는 순간부터 문제점으로 작용하는데, 사교형은 자신의 생각을 심각하게 생각하지 않는 경우가 많기 때문이다. 실제로 이들은 아이디어를 만들어 내기만 할 뿐 적극적으로 실행하지는 않는다.

◎ 이것만은 기억해 두자 ! ◎

사교형의 업무 특성은?

- 브레인스토밍을 좋아한다.
- 동료나 다른 사람들과의 교류를 좋아한다.
- 통제, 세부사항, 복잡성으로부터의 자유를 원한다.
- 다른 사람들에게 영향력을 행사하거나 동기 유발을 하기 원한다.
- 활력적인 팀에서 중요한 부분을 차지하고 있다는 의식을 원한다.
- 다른 사람들의 중요 프로젝트, 활동, 행사에 같이 하기를 원한다.
- 일상적이고도 반복적인 업무에는 곧잘 싫증을 낸다.
- 조건 없이 타인을 신용하기도 한다.
- 자세한 점검을 하지 않고 타인의 말을 따른다.
- 주의 집중 시간이 짧기에 자주 쉴 시간을 요구한다.

업무 환경에서 사교형이 선호하는 것은?

- 남들과 함께 하는 참여적 직무
- 과정의 진척이나 유지를 위한 타인들의 즉각적인 반응
- 다양한 직종·계층의 사람들과 어울리는 것.
- 다른 사람들의 이름을 쉽게 부르는 것.
- 자신에 대한 칭찬의 말들
- 자신의 성과에 대한 인정 욕구
- 친근하고도 유쾌함이 느껴지는 자극적인 직무 환경을 추구
- 잘 알고 있고, 구체적이고, 빠른 성취가 가능한 인센티브라는 동인들
- 생각을 행동으로 옮길 때 필요한 언어적, 논증적 안내
- 자기가 프로젝트를 시작하고 끝은 남이 해결해 주기

사교형이 자신의 시간 감각과 감정에 적절한 제한성을 두고 객관
적인 정신 상태를 개발할 수 있다면 유연성 증진에도 도움을 얻을 것
이다. 이들은 검사와 검증 구체화, 체계화를 거치든지, 최소한 타인
들로 하여금 대신 하게 하는 과정에서 많은 혜택을 입을 수 있다. 그
렇지 못할 때에는 흥분하기 잘 하는 성향에 쉽게 굴복하고 말 것이
다. 또한 과업에 집중하고 논리적인 접근법을 택함으로써 사후 강화
활동의 개선도 도모할 수 있다.

업무 현장에서 관계형의 행동

관계형들이 선호하는 것은 안정적인 지위와 직업으로서 이를 통해
특정 분야에서의 전문성을 이루고 팀의 일부가 되려고 한다. 이를테
면 다음과 같다.
- 재정 조언자
- 사회 사업가
- 의료 또는 공동체 서비스 종사자
- 교사
- 개인적 조수나 비서
- 도서관 사서
- 고객 서비스 대표자

(1) 관계형의 사고방식

관계형은 대부분 연역적 사고를 견지한다. 따라서 사물에 대한 본
능적인 감지형(지시형)이나 느낌형(사교형)과는 달리 사건 중심형이
다. 예를 들면, 『나는 존에게 무슨 문제가 있다고 생각해요. 그의 눈

은 충혈되어 있고, 쉽게 화를 내고 날카로워요. 그리고 이틀 연속 한 시간씩 지각했어요』와 같은 식이다. 심지어 타인에 대한 느낌도 이러한 사고에 기초를 두고 있다. 이는 보다 확실한 것과 원론적인 것을 지향하는 관계형의 성격에 결부된다. 그들은 종종 무엇인가에 대해 확신을 갖기 위해서 직접 눈으로 확인해야 한다.

관계형은 갈등을 극단적으로 불편하게 받아들인다. 업무 현장에서 이 유형의 사람들은 다른 사람들이 어떻게 과업을 완수하는지 지켜보면서도 부정적인 말은 대개 하지 않는다(예외가 있다면 친한 친구나 가족 정도). 왜일까? 우선 이들은 다른 사람의 동요를 원하지 않기 때문이다. 다음으로 모든 것을 아는 척하는 것도 싫어한다. 이들은 언제나 조용히 인내하면서, 자기에게 너무 많은 의무가 분담되어 있다고 생각하더라도 그것을 상사나 동료 직원들에게 언급하지 않는다. 그들은 자신의 업무를 끝까지 수행하려 하고 최선을 다하려고 노력한다.

이 유형 사람들에게는 사람이란 요소와 기존 업무 절차에 순응하는 것 양자가 모두 중요하다. 이들은 온갖 문제점들로 정신을 못 차릴 때도 타인들과의 협력을 통해서나 효과가 입증된 절차를 따르면서, 아니면 두 가지를 겸하면서 문제점을 해결하고자 한다. 만일 이러한 전술들이 실패할 때는 조용히 포기하고 자리를 뜬다. 이렇게 아무것도 하지 않는 행동에는 고의적인 결근도 포함된다. 갈등이나 스트레스가 증가할 때는 이들의 인내심도 감소하기 때문이다.

다른 특질에서도 그러하듯이, 관계형의 절차 연구와 반복적인 과업 처리에 대한 몰두도 때로는 극단으로 치닫는다. 예를 들어 다음과 같은 예화는 이들 유형을 잘 설명해 준다. 미켈란젤로(사색형 인물)가 시스티나 성당의 천정에 벽화를 완성했을 때, 교황은 성베드로 성당의 건축 설계 도면을 그려 줄 것을 부탁했다. 이미 80세를 넘어선 미켈란젤로는 그 방대하고도 복합적인 설계 도면을 그리는 데 약 2년 정도를 소비했다.

그는 다음에 그 작업을 자신의 가장 촉망받는 제자에게 넘겼는데, 그는 우연히도 관계형이었다. 이 느린 행동형의 견습생이 설계 도면에 따라 건축을 하는 방식은 단계적이고도 매일, 매년, 몇 번이고 반복하는 접근방식이었다. 미켈란젤로의 설계는 마침내 23년이란 세월이 흘러서야 결실을 맺게 되었다.

(2) 관계형의 업무방식

관계형은 제품 소개를 요청받으면 미리 자료들을 준비하고 체계화한다. 이들은 확실한 방법을 선호하므로 절차상의 전 과정들을 꼼꼼하게 익혀 두어서 다음에 반복할 수 있도록 한다. 이것이 과도할 때는 지시 사항과 현상 유지에만 집착하고 스스로의 행동을 제한하기도 한다.

관계형은 태평스럽고도 단계별로 절차를 따르는 것을 좋아하므로 다른 사람들에 대한 지원과 지도, 기존의 성과 수준을 유지하는 것과 체계의 조직화에 선천적인 재능을 보인다. 그들은 종종 가이드 라인의 설정과 실행을 도와 주어서 다른 사람들이 보다 체계성을 갖출 수 있게 한다. 하지만 관계형 사람들은 언제나 자신의 장비부터 모으며 사용할 도구들을 갖추고, 모든 것이 제자리에 있는지 확인한 뒤에야 비로소 일을 시작한다는 점을 기억해야 한다.

예를 들어, 관계형인 폴라 양이 보고서를 정리할 때는 각 서류의 페이지들을 번호 순으로 책상에 쌓아 놓는다. 그 다음 끈끈이 풀을 책상 한쪽에 놓고, 다른 쪽에는 호치키스와 그 심지들을 함께 둔다.

그리고는 첫 페이지의 옆 공간을 깨끗하게 치워서 완성된 서류철이 놓이도록 한다. 마지막으로 일이 끝날 때까지 다른 데로 눈을 돌리지 않는다. 이러한 일을 단순반복적인 준비 과정이라고 가볍게 여기는 지시형이나 사교형 사람들도 이 분업식 작업의 성과에 대해서는 놀라움을 표한다. 여기서 그녀의 작업 절차에 보내는 진실한 칭찬은 적절하고도 당연한 것이라고 하겠다.

(3) 관계형의 동기를 자극시키는 것

관계형은 선천적으로 관심 깊은 경청자이기 때문에 다른 사람들이 같은 행동을 보이는 것도 고맙게 받아들인다. 그들은 생각, 감정, 경험의 교환에 대한 공동 관심사를 갖는 사람들을 좋아한다.

그러나 이들에게 익숙해지려면 별도의 노력이 필요한데, 그것은 관계형에게는 항상 간접적으로 말하는 습성이 있기 때문이다. 그들은 좀체로 즉각적인 반응을 보이지도 않고, 자기 마음 속에 있는 것을 드러내지도 않는다. 이는 특히 어떤 이야기가 어울리지 않는다고 생각할 때는 더 심하다.

관계형은 업무나 개인적 생활에서 한 가지 일에 최소한 하루 이상을 소비하고, 모험이나 불확실성은 피한다. 이들은 전통을 존중하고 모든 사람과의 협동 작업에 대해 충실성을 보여 준다. 이들의 동기를 자극하는 것은 업무에서의 안정성이므로, 아마도 4가지 유형 중 모든 사람들과의 업무 관계에 가장 잘 어울리는 사람이라고 할 수 있겠다. 관계형들은 인내심과 지구력, 일관성을 갖고 있으므로 인간 관계가 효과를 발휘하도록 열의를 보인다.

관계형은 안전, 안정성, 많은 일상적 작업을 제공해 줄 수 있는 인간 관계에 편향된다. 그러나 이러한 지위는 때로 그들의 성장 욕구를 희생시키기도 한다. 비록 모든 관계형들이 선생님이 될 수는 없겠지만, 이들은 언제든지 사람들과의 접촉, 동일감, 타인에 대한 지원이나 도움을 줄 기회를 바라는 자신의 선천적 욕구에 적합한 직업을 원한다.

관계형들은 타고난 중용주의자에 편의제공자여서 자신의 행동이 언젠가는 보답을 받을 것으로 믿는다. 지시형과 사교형이 자기 만족감에 빠져들기 쉽다고 할 때, 관계형은 그저 수긍하고 듣기만 한다. 내부적으로는 이들도 개인적 승리를 드러내길 원하지만 누군가가 묻기 전까지는 자발적으로 표현하지 않는다. 관계형은 대개『괜찮으시다면 저도 맨 나중에 끼워 주세요』식의 태도를 보인다. 업무에서 관계형은 스스로 승진될 가치가 있다고 생각해도 상사의 주의를 끄는 행동을 하기 보다는 상사가 알아서 주목해 줄 때까지 기다린다.

(4) 관계형 지도자들

관계형 지도자들은 원리 원칙에 입각한 방식 —— 연역적이며 수렴형인 왼쪽 뇌 지향적인 방식 —— 으로 행동한다. 그들은 예측 가능하고 꾸준한 행동의 실행이라는 기본적 욕구에 의해 움직이며, 잘 알려진 입증 가능한 결과만을 추구한다. 극단적인 경우, 이들이 전쟁터에서 외치는 함성은『준비! 준비! 계속 준비!』뿐이다. 심지어 이들은 적군이 사격을 개시할 때도 계속 준비만 하고 있기도 한다. 자신의 그룹에 속한 사람들에게는 다음과 같은 반응을 보인다.『이러한 상황에서 따라야 할 표준적인 운영 절차는 무엇이지?』

(5) 관계형에게 접근하는 방법

관계형은 안전성과 집단 속으로의 함입을 추구하므로 그들의 선천적인 계획 기술, 일관된 페이스, 적합성에 대한 욕구 등은 업무에 많은 공헌을 할 수도 있다. 사교형들도 그렇지만 관계형은 직무에서 편안하고도 호형호제하는 인간 관계를 선호한다. 하지만 관계형은 대체로 사교형 사람들에 비해 보다 전문적이고도 선별된 동료들과 깊이 있는 우정을 원한다. 사교형이 자기 이야기를 들어 주기만 한다면 아무하고나 이야기를 나누는 데 비해 관계형은 가까운 친구와 함께 하기를 좋아한다.

관계형은 업무 현장의 안정성과 꾸준함, 조용한 분위기를 좋아한다. 이들은 사무실의 조화에 공헌함으로써 직무 환경에 훌륭하게 어울린다.

하지만 이들은 때로는 너무 과거의 구태의연한 방식에 반복적으로 매달리기도 한다. 심지어 이런 행동 가운데는 처음 절차를 익힐 때는 필요하지만 이제는 버려도 상관없는 단계들까지 포함되기도 한다.

그들이 자신의 생산성을 향상시키려면 쓸데없는 노동을 줄일 수 있는 지름길을 찾는 노력이 요구된다. 지시형과 사교형 사람들이 여기에서 도움이 될 수 있다. 그리고 요청하기만 한다면, 사색형도 색다른 절차를 통한 새로운 업무 완성의 방식을 보여 줄 것이다.

관계형은 다른 유형들보다도 현실에 대해 낙관적이다. 대체로 실용주의자들인 이들은 늘 같은 상황을 유지할 수 있도록 친근한 사람들과 일상적인 일을 반복하기를 좋아한다.

그들은 지속적인 평화와 질서를 유지하고 이를 얻을 수 있도록 규칙적이고도 신중하게 업무를 수행한다. 변화와 도발적인 상황은 기존 형식을 변경시킬 것을 요구하므로 관계형을 불편하게 만든다. 가급적이면 기존 실천 사항들을 정제해 나가는 것이 이들에게 편안한 직무 활동이다.

관계형의 업무 특성은?

- 절차의 순서들을 알고자 한다.
- 업무 집단의 구성원으로서 좋은 기능성을 보인다.
- 통상적이고 이미 알려져 있으며 효과가 입증된 업무 수행에 대해 의욕을 가진다.
- 보다 확실하고 반복적인 행동을 지향한다.
- 업무 현장에서의 질서를 원한다.
- 업무 현장에서의 안정성을 추구한다.
- 일을 어떻게, 언제 하는지에 집중한다.
- 꾸준하고도 예측가능한 방식으로 활동한다.
- 친구들과의 장기적인 인간 관계를 선호한다.
- 동료들과의 장기적인 인간 관계를 선호한다.

업무 환경에서 관계형이 선호하는 것은?

- 매일매일 같은 종류의 일을 수행하는 것.
- 공동의 결과를 성취하기 위해 타인들과 협조적으로 일하는 것.
- 위험 부담을 떠맡지 않기
- 꾸준하고도 안정적이며 차분한 분위기
- 변화는 적을수록 좋다.
- 직무 완수를 위해 필요한 각 단계들에 대한 자세한 정보
- 집단의 의견을 종합해서 의사 결정을 내리기
- 표준 작업 절차에 따른 직무 수행
- 혼자서 의사 결정을 내리지 않기
- 직무 집단 속의 가치 있는 구성원이라는 신분

업무 현장에서 사색형의 행동

사색형들은 창조성과 완전함을 위해 노력할 수 있는 직업을 선호한다. 이런 직업들은 다음과 같다.

- 예보 전문가(정치, 날씨)
- 비평가(영화, 역사, 문학)
- 연구 전문 과학자
- 데이터 분석가
- 회계사, 감리사
- 예술가, 조각가, 건축가
- 발명가

(1) 사색형의 사고방식

사색형 사람들은 자신을 구조주의적이고 핵심 세부 사항에 집중하며 도출된 항목들에 대한 구체적 질문을 즐기는 문제 해결자로 생각한다. 이들은 기존의 중요한 지시 사항과 기준을 따르고, 행동을 통한 과정의 통제라는 요구에 부응하는 데는 누구도 넘보지 못할 전문가로 자처한다. 과정 중시형인 사색형들은 언제나 무슨 일이 왜 그렇게 되는지 알고 싶어하고, 이를 통해 얻어진 통찰력을 가지고 자신 또는 타인이 미리 예견한 결과를 달성하기 위해 필요한 논리적 방식들을 찾아 낸다.

사색형들은 논리성 추구라는 면에서 관계형 다음으로 집요하다. 그들은 실수를 피할 수 있는 추론 과정에 의존하고, 몇 번씩이고 점검하고 또 점검한다. 하지만 종종 너무나 많은 자료들에 파묻혀 버리기도 한다. 또는 사실과 세부 사항들을 부지런히 수집하면서도 의견이나 부분적인 정보를 제공하는 것에는 불편을 느낀다. 이런 성향은 빠른 페이스를 선호하고 현재 어떻게 진행되는지 알고 싶어하는 사람들에게는 실망을 줄 수도 있다. 또한 너무 많은 점검은 업무의 흐름을 방해할 수도 있다.

사색형 사람들에게는 모든 것을 점검하기보다는 필수적 요소만을 점검할 것이 요구된다. 이러한 과정을 통해 적절한 항목 분류와 중요한 사항의 통제가 가능해짐과 동시에 원만한 업무 수행이 이루어질 수 있다. 또 사소한 업무적 세부 항목에 파묻히지 않아야만 높은 기준에 부응할 수 있을 것이다.

마지막으로 이들에게는 완벽성이란 불가능함을 추구 —— 노력할 가치는 있지만 적어도 다른 사람들에게 요구해서는 곤란한 —— 하는 것과 같다는 점을 인식하는 것이 요구된다.

(2) 사색형의 업무방식

실무에서 사색형은 실제적이고 현실적이다. 그들은 유토피아도 즉효약도 찾지 않는다. 사색형의 기본 성향은 가급적 적은 위험 감수이므로 변화가 불가피하다면 미리 많은 것을 계획한다. 이들은 제품과 서비스의 우수성을 촉진시킬 수 있는 기존 환경에서 활동하기를 좋아한다. 가능하다면 이들은 미리미리 자신의 프로젝트를 준비할 시간을 갖고 이를 완성시키기 위해 부지런히 일하고 싶어한다. 철저한 준비성은 있을 수 있는 실수를 최소화한다. 이들은 마감 시간에 이르러서 서두르거나 부적절한 검토 또는 조사 때문에 발생하는 실수를 없애고, 스케줄 내에 또는 앞서서 일을 끝내기를 좋아한다.

항공기 조종사가 비행기 조종에 앞서 해야 할 일은 이륙을 위한 안전 사항의 점검이다. 사색형 조종사들은 가급적 가장 중요한 요인들에 집중하고, 남는 시간을 조금 덜 중요한 요소에 할애한다. 전형적인 사색형들의 모든 행동이 그러하듯, 알지 못하는 변인들보다 잘 알고 있는 요인들의 점검에 시간을 할애하면서 체크 리스트를 완성해 간다. 이와는 대조적으로, 지시형 조종사들이라면 자신의 임무를 타인에게 위임해서 제대로 완수되는지 감시할 것이다. 사교형 조종사라면 점검 도중 만나게 되는 동료와의 잡담을 통해서 과업의 부담을 줄일 것이다. 그리고는 그 세부적 과업 완수의 시간을 제대로 측정하지 않음으로 인해서 마지막 순간까지 과업을 끝마치려고 노력하기도 할 것이다. 관계형 조종사들이라면 각 부분을 주어진 순서에 따라 꼼꼼히 점검하면서 단계별로 완성하지만, 사색형이 보여 주는 것처럼 핵심적 항목에 대한 신중한 주의력은 찾아보기 힘들다. 이 4가지 유형 사람들이 모두 점검 항목을 완성하더라도, 각각 자신의 다른 유형만큼이나 다른 방식으로 일을 끝내기 때문에 그 결과는 상당히 다를 수 있다.

(3) 사색형의 동기를 자극하는 것

이 유형의 사람들이 과학이나 예술적 직업에 관심을 갖든 그렇지 않든 목적을 달성할 때 즐겨 쓰는 방식은 과학적, 직관적, 논리적인 과정이다.

사색형은 선천적으로 기존 과정에 대한 타당성 확인과 개선 노력에 치우치는 성향을 갖고 있으므로 4유형 중 가장 타고난 창조자라고 할 수 있다. 그 결과 이들은 오래된 의문, 관심사, 기회들을 살피는 과정에서 곧잘 새로운 방식을 발견해 낸다.

많은 예술가들과 발명가들이 사색형 범주에 들어간다. 그 중 상당수가 새로운 해답을 도출하기 위한 실험과 가능성 도출에 노력한다. 미켈란젤로의 창조적인 비전을 갖춘 정신은 딱딱한 대리석으로 훌륭한 조각품을 완성하게 했고, 레오나르도 다 빈치가 모나리자의 표정을 완성시키기 위해 사용한 기법은 아직도 전문가들을 당황하게 만들고 있다. 이와 유사하게 갈릴레오의 창조성은 「불가능했던」 미래의 발명품을 향한 정확한 세부 계획 내용들을 보여 주었다. 이들 세 명의 르네상스인들은 품질 의식이 대개 사색형 성향과 관련되어 있음을 보여 주는 영원히 변함없을 기념물들을 남겨 주었다.

(4) 사색형 지도자들

사색형 지도자들은 조용하며 냉정하고, 객관적인 행동을 보여 주므로 비난자들의 눈에는 무심함과 무감각성이 두드러질 수도 있다. 이들은 계획적이고 보다 주의 깊은 행동을 통해 원하는 결과를 성취한다.

사색형들은 때로 타인들에게 그들의 능력을 벗어나는 복잡성을 요구함으로써 자기와 타인 모두에게 완벽주의적이고도 근심 많은 사람으로 간주되기도 한다. 이러한 품질 지향적인 성향은 물론 긍정적 측면도 있지만, 극단적인 경우에는 동료들에 의해 그들의 걱정이 아주 하찮은 것으로 무시될 수도 있다. 사색형 사람들은 자신의 기준을 사소한 것에는 완화시키는 방법부터 터득해야만 보다 큰 주제에서 동료들이 자기 말에 귀를 기울이도록 할 수 있을 것이다.

(5) 사색형에게 접근하는 방법

관계형과 마찬가지로 사색형은 기본적으로 내향적인 사람들로서, 자신의 정신 내부로 방향을 돌려서 위안과 해답을 찾으려고 한다. 사색형의 지향은 대개 사물 중심적이고 사람들에게서는 떨어져 있다.

사색형의 관점에서 볼 때, 사람들은 예측 불가능한 존재들이고 일을 복잡하게 만들 뿐이다. 또한 사람과 사물의 혼합물에서 사람의 비중이 높으면 높을수록 예측 가능성의 비율은 낮아진다는 점이다.

사색형 사람들은 사무실에서 평온함과 철저함을 증진시킬 수 있는 사람들—— 대개 같은 사색형 아니면 관계형 —— 과의 작업을 선호한다.

사색형 사람들은 완벽성을 추구하므로 다른 유형의 사람들이 이들을 도와 주기 위해서는 이들의 편향성을 시간 효율성 추구라는 쪽으로 돌리도록 만들어야 할 것이다. 예를 들어, 지시형 사람이라면 현실적인 한계 시간과 제한 요소들을 정해줌으로써 이들의 절차 추구 성향에 시간적 틀을 부가하도록 할 수 있다. 사교형의 경우라면 이들이 업무 중에 보다 밝은 기분으로 일할 수 있게 해 주고, 사무실은 단지 하루종일 일만 하는 곳이 아닌 다른 무엇인가를 하는 곳임을 가르쳐 줄 수 있을 것이다.

사색형은 이런 방식으로 격려를 받을 때 자신의 풍부한 정보를 소단위의 동료 그룹에게 전파시켜서 그들이 풍부한 경험과 지식의 혜택을 입을 수 있게 해 줄 것이다. 이는 사색형의 위상 강화 및 팀워크와 상호 이해를 위한 교량의 창출이라는 효과를 가져온다. 사색형은 다른 사람들과 함께 하는 가운데 동료들에 대해 갖고 있었던 자제심과 의심이 줄어들 것이고, 심지어는 피하고 싶은 사람들에 대해서도 당당히 자신을 내보일 수 있게 될 것이다.

사색형 사람들은 명확성과 질서를 원하므로 철저함이라는 선천적 감각으로 이를 유지할 수 있다. 이들은 통상 부서원의 이름을 외우는 것에는 신경쓰지 않지만, 자신이 보여 주는 것 같은 철저함과 정확성을 가진 사람들은 많이 찾아 내려고 한다.

◎ 이것만은 기억해 두자! ◎

사색형의 업무 특성은?

- 과정에 관심을 둔다.

- 업무의 진행 방식을 알려고 한다.

- 직관적이고도 독창적으로 사고한다.

- 자기만의 구조, 방식, 모델들을 만들어 낸다.

- 양보다 질을 중시한다.

- 열등한 결과를 얻느니 적지만 제대로 된 산출을 원한다.

- 실수를 피하기 위해 논리적 사고 과정을 사용한다.

- 세부사항에 너무 집착하다가 때로 일의 진척을 보지 못한다.

- 변화와 도발적 상황을 싫어한다.

- 공격성을 거부한다.

업무 환경에서 사색형이 선호하는 것은?

- 상사로부터 자신의 직무와 아이디어에 대한 진정한 평가

- 자신의 직무에 대한 비판의 회피

- 직무 품질 관리의 기준의 설정

- 올바른 업무 수행을 확실히 하기 위한 표준의 점검

- 완벽한 데이터 시스템을 갖춘 직무

- 몇몇 데이터 시스템의 직접적인 구조화 작업

- 자신의 정확성에 대한 상사의 평가

- 조직적이며 과정 중시형의 직무 현장

- 사교 활동을 최소화 할 수 있는 직무 현장

- 조직 내에서 핵심적인 사람으로 보이는 것.

사색형은 평화와 차분함을 좋아한다. 적대심과 밖으로 표출되는 공격성은 회피하거나 거부한다. 이것이 과도하게 나타나면 갈등에 대한 둔감성으로 보여서 감정의 —— 분노와 미움 및 걱정과 사랑 —— 포용에 어려움을 느끼게 된다.

사색형은 타인들의 감정 표현을 받아들이는 방법을 배움으로써 자신의 감정을 수긍하는 방법도 알게 될 것이다. 더욱 이상적으로는 타인들의 공격성에 대한 관용을 의식적으로 증대시킬 때, 그것을 성공적으로 관리하는 능력도 키우게 되는 것이다.

리더십 스타일

리더십에도 언어가 있다

우선 함께 일하는 지시형, 사교형, 관계형과 사색형의 사람들을 머릿속에 그려 보도록 하자. 그 다음 이 장을 읽는 동안, 각 특정 인물들을 마음에 두고 그들과의 관계 개선을 위해 자신이 할 수 있는 것이 무엇인지를 생각해 보자. 이때 각 유형 사람들의 생산적인 특징과 비생산적인 특징이 무엇인지에 대해 집중하도록 하자.

전세계적으로 경영자 집단 내에는 보편적으로 폭넓게 쓰이는 리더십의 언어가 존재한다. 우리가 기업의 회장이든, 작은 회사의 사장이든, 위원회 임원이든, 비영리 조직의 대표이든, 독립적인 활동을 하는 컨설턴트든, 교회의 담임 목사든 이러한 언어를 말하는 방법을 익힘으로써 리더로서의 효력을 증대시킬 수 있는 것이다. 여기에는 오늘날까지 가장 폭넓게 사용되고 있는 리더십 개념으로서, 개인의 리더십 영향력이라는 접근 방식이 어떠한지 밝혀 주는 경영관리 격자(역주 managerial grid 블레이크와 무튼에 의해 창안 모눈종이 모양으로 다양한 사항의 분석 따위에 쓰임)도 포함된다.

이러한 개념의 본질은 모든 사람이 선천적이고도 좋아하는 업무 처리 방식이 있다는 데 근거를 둔다. 이러한 업무 처리 방식에는 그들이 어떻게 타인에게 영향력을 행사하고 과업이나 조직을 관리하는가도 포함된다.

리더십 스타일에서 지시형은 가장 뚜렷한 직접성을 보여 준다. 그와 반대로 사교형은 타인들에게 영향력을 행사하고 상황을 관리하려는 모습을 통해 가장 지원적인 성향을 보여 준다. 이와는 대조적으로 관계형이나 사색형은 천성적으로 내향적이므로 그들의 리더십 활동에서 그리 뚜렷하게 눈에 띄는 모습을 보여 주지는 못한다. 다만, 관계형은 타인에게서 호감을 추구하는 점이 지원적인 사교형과도 유사하다. 차이가 있다면, 관계형에게 있어서 지원적인 태도는 기대하는 서비스나 특정한 결과의 완수에 비해 부차적이란 점이다. 마지막으로 사색형은 단호한 지시형과 유사하면서도 표준 업무의 완수에서 남을 귀찮게 하지 않는다는 점이 다르다.

올바른 경영관리

퍼포맥스 인터내셔널(Performax International) 사의 세계적인 세일즈맨인 돈 치프리아노가 런던에서 열린 동기유발 경영 세미나에서 한 발언은 다음과 같다. 『우리는 사람들이 원하는 방식대로 관리해야지 우리가 원하는 식으로 관리해서는 안 됩니다.』한 관리자는 그 말이 아주 적절한 표현이라고 언급했는데, 왜냐하면 자기의 상사로 있는 지시형 인물이 스탭 중 관계형이나 사색형들과 많은 갈등을 빚고 있기 때문이라고 했다. 이 관리자는 이후 자신의 스탭들이 원하는 방식에 따라 부서를 관리하면서 운영한 결과 많은 성공을 거두게 되었

다고 한다. 그럼에도 그는 신입 직원들과는 성공적인 관계를 맺지 못
한 경우도 있었는데, 하루는 한 신입 직원이 이 관리자에게 다음과
같이 말했다고 한다. 『당신이 그 모든 세부 사항에 시간을 소비하지
만 않았던들, 저는 제 일을 완수했을 것입니다.』

　이 관리자는 관계형과 사색형들을 관리하는 것에 너무 익숙해져서
신입 직원이 지시형이란 점을 잊고 있었던 것이다. 그 관리자는 후에
치프리아노에게 이렇게 고백했다. 『저는 다시 한 번 함정에 빠졌습니
다. 모든 사람들을 똑같은 방식으로 관리하고 있었던 거죠.』

　이와 유사하게 저명한 시간 관리 전문가인 존 리(John Lee) 박사
는 워크숍을 개최할 때 이렇게 묻고는 한다. 『당신 회사의 경영 철학
은 무엇입니까?』

　그는 말하기를, 각 조직의 경영자들은 자신의 스탭 구성원들이 이
질문에 대해 다양한 대답을 할 때마다 놀라는 것처럼 보인다고 한
다. 리 박사는 만일 리더가 그 구성원들이 지향해야 할 방향에 대한
정보를 밝히거나 수집하지 않는다면, 어떻게 하나의 조직이 원활하
게 경영될 수 있는가를 묻고 있는 것이었다.

지시형 지도자들 : 계속 자기 일을 하도록 격려하라

지시형은 마치 야생마 같아서 엄격한 형식 내에서 뛰는 것을 싫어
한다. 그들이 최고를 성취할 수만 있다면 굳이 간섭할 필요는 없다.
또는 그들이 자기만의 무리를 만든다고 해도 마찬가지이다. 그들을
제한하면 사납거나 완고하게 변할지 모른다. 그냥 하는 일을 가만 놓
아 두면 그들도 당신에게 좋은 인상을 심어 줄 것이다. 그들의 목표
에 동의해 주고 직무 분야의 한계에 대해 구체화할 수 있도록해 주

자. 그리고 그들을 방해하지 말고 비켜서도록 하자.

이러한 접근 방식은 다른 사람들로 하여금 지시형의 선천적인 경쟁 정신을 뛰어넘게 하고, 지시형들이 정력을 조직의 개선을 위한 공동 목표에 집중하도록 유도할 것을 요구한다. 지시형은 공유된 기대치라는 전반적인 틀 내에서 효과적인 직무 수행을 위한 격려와 피드백을 추구한다. 하지만 그들에게 모든 절차들을 곧이곧대로 따를 것을 요구하면 안 된다.

(1) 지시형에 대한 지도

지시형인 사람들을 지도할 때는 그들이 기본적 단계를 익힌 뒤 재빨리 알고 싶어하는 사항들을 추출하고자 한다는 점을 명심해야 한다. 그들은 시간 절약에 대한 관심으로 인해 지름길을 찾으려고 할 것이다. 따라서 그들이 바라는 지점에 도달할 수 있는 가장 간단하고도 빠른 길을 보여 주어야 한다. 그들에게 기본 수익을 제시한 뒤 풀어 놓도록 한다. 그들의 효율성을 도와 주고 싶다면 한계 요인과 가이드 라인, 마감 시한만을 정해 주도록 한다.

지시형은 누군가를 안심시키고 무엇인가를 한 번 이상 설명해 준다는 생각을 그들이 행동과 결과에 사용하려고 했던 소중한 시간들을 갉아먹는 것과 동일한 것으로 받아들인다. 그들은 세부 사항 따위에 신경쓰기를 원하지 않는다. 따라서 그들이 필요로 하는 일과 그 일을 언제까지 끝내야 하는지 등의 주요 사항에만 주의를 집중하도록 해야 한다. 지시형들이 원하는 세부 사항은 그들이 다른 중요한 기회들을 찾기 위해 어떤 일을 제대로 기능하게 하는 데 필요한 —— 예를 들어 돈을 버는 일 —— 것들 뿐이다. 지시형들은 1에서 24까지의 모든 단계보다는 몇몇 핵심 단계들만을 원한다. 지시형 사람들에게 24단계를 모두 거치도록 강요하는 것은 그들을 고문하는 것과 마찬가지다. 이들은 선천적으로 세부사항에 관해 관심이 부족하므로 언제나 바라는 결과를 즉석에서 얻을 수 있도록 일상적 업무를 단순화시켜 줄 수 있는 새로운 방식들을 추구한다.

지시형들을 관리하는 것은 그들이 오히려 당신을 관리하고자 하기 때문에 결코 쉽지 않다! 그들을 윽박지를 수도 있겠지만, 일정 분야에 한해 통제권을 행사하도록 격려하는 방법도 생각할 수 있다. 자격을 갖고 있다면 특정 프로젝트를 책임지도록 허락함으로써 지시형의 강점을 이용할 수도 있다. 그들은 변화와 혁신을 좋아하므로 자신의 신사고를 실행해 볼 수 있는 새로운 프로그램을 선천적으로 선호한다. 지시형 사람들에게는 항상 일정 간격을 두고 당신에게 점검을 받아야 한다는 사실을 인식시켜 준다. 그렇지 않을 경우 그들은 「배교자(背敎者) 증후군」을 보이며 아무런 답변 없이 자기 마음대로 일을 처리해 버릴 것이다.

(2) 지시형과의 의사 소통

지시형의 제안, 그들이 마음 속에 간직한 행동 과정, 그들이 고려하고 있는 전반적 결과 등을 언제든지 경청할 준비를 갖추어야 한다. 이런 태도는 당신이 이미 동의하고 있는 분야가 있음을 보여 주는 것이므로 긍정적인 바탕에서의 출발을 가능하게 해 준다. 그 다음 당신과 그가 함께 원하는 결과 —— 그래서 서로가 혹은 독자적으로 다른 사람들에게 그 계획의 달성을 부탁할 수 있는 —— 의 동의 획득이라는 쪽으로 거슬러 올라가는 업무 형태를 보여 주도록 한다.

이때 당신이 원하는 결과를 설명하면서, 그들에게 실제적 결과와 바람직한 결과 사이의 차이를 보여 주도록 한다. 그리고 요구하는 개선점을 명확히 하고 그들이 언제까지 완수할 것인지 시한을 정하도록 한다.

그들에게 색다른 생각, 의견, 행동 등을 제시할 때는 그들과 당신 모두에게 수용 가능한 쪽으로 업무를 추진할 것임을 확실히 해야 한다. 또 그들의 기대치에 부응할 해결책을 도출하겠다는 의도에 집중하도록 한다. 그리고 당신이나 그들을 위해서나 문제를 일으키는 것을 원하지 않는다는 점을 강조한다.

모든 것이 제대로 진행된다면 지시형 사람들은 때로 결정을 내려야 할 사항이나 해결해야 할 문제점들, 그리고 신속성을 보장해 주는 (그것도 가급적 빨리 선택한) 해결책에 도달하기 위해 따라야 할 과정 등에 대해서 자신의 독창적인 관점을 제시하기도 할 것이다.

지시형 사람들은 자발적으로 의미 있는 결정을 내리고 싶어한다. 만일 특정 의사 결정이 그들의 목표를 달성할 수 있도록 도와 주는 것이라면 동의할 것이고, 그렇지 않다면 싫다고 할 것이다. 이 유형의 사람들은 최상의 선택을 위해 많은 시간이나 노력을 들일 것을 요구받을 경우 결론에 도달할 때까지 한없이 지체할 수도 있다. 이런 지체를 막기 위해서는 각 선택 사항에 대한 짤막한 분석을 제공해 주어야 한다. 그 다음 선택 사항들을 제공하고, 목표 달성에 있어서 성공 가능성들을 분명히 밝혀 주어야 한다.

(3) 지시형과의 상담

지시형 사람들과 상담할 때는 사실에 집착하도록 한다. 그들이 바라는 결과를 이야기 해줌으로써 그들의 참여를 유도해 내고, 그 다음 그들의 관심사를 토의하도록 한다. 감정보다는 과업에 집중하고 어떤 식으로 그 문제를 해결할 것인지 묻도록 한다.

◎ 행동 계획 ◎

<table>
<tr><td>당신이 지시형이라면?</td></tr>
</table>

* 다른 사람의 업무 처리에 쓸데없는, 또는 시기가 적절하지 못한 간섭을 하지 말 것.

* 항상 지휘권을 휘두르겠다는 생각을 하지 말고 집단에 참여할 것.

* 타인에게 명령을 하고 싶어하는 성향을 수정할 것.

* 참여적, 집단적 행동에 다른 사람들의 정보와 지원을 요청할 것.

* 그럴 만한 자격이 있는 사람에게는 신뢰감을 보낼 것.

* 훌륭한 업무 완수는 칭찬해 줄 것.

* 실수도 예상했다고 하는 당신의 뜻을 동료나 부하 직원들에게 알려 줄 것.

* 타인들에게 위임할 때는 책임과 함께 권한도 넘겨줄 것.

<table>
<tr><td>부하 직원이 지시형일 때 도와줘야 할 사항은?</td></tr>
</table>

* 현실적인 위험 측정

* 의사 결정과 결론 도달시에 보다 많은 주의와 신중함을 갖는 것.

* 타당성 있는 규칙, 규정, 기대치들을 준수하게 할 것.

* 다른 사람들의 공헌을 개인적으로, 또는 집단 내에서 함께 인정하고 환영하는 태도

* 특정한 의사 결정시에 그 이유를 남에게 밝히는 자세

* 감정에 대한 보다 많은 주의와 대응성의 계발

(4) 지시형의 동기유발

다른 유형들에 비해서 지시형들은 압력이 강력한 상황에서 오히려 진가를 발휘한다. 그들은 직업이 행정가, 정치가, 군 장교, 주식 중개인, 신문 기자 등 무엇이든 간에 항상 직접적 관리를 위해 필요한 권력이 있는 지위나 경력 분야를 선천적으로 선호한다. 승리는 다른 어느 것보다도 이 유형 사람들의 동기를 자극한다.

그들의 행동을 보상하거나 강화하는 것이 필요할 때는 당신이 기쁘게 받아들인다는 것을 강조하도록 한다. 그들의 성과, 진취성, 지도력 등을 지적해 주도록 한다. 지시형들은 바라는 결과를 달성할 때 기쁨을 인식하고, 개인적인 사항들은 생략하며 성과 기록에만 집중한다. 상호 협력을 통해 당신과 상대에게 좋은 영향을 가져올 수 있는 일을 하게 되어 반갑다는 말을 해 준다. 그래서 얻는 기본 수익은? 공동의 목표에 쏟는 서로의 정력으로 인해 당신과 상대에게 모두 좋은 결과를 맺을 수 있을 것이다.

사교형 지도자들 : 자신의 능력에 맞게 집중하도록 격려하라

사교형들은 끊임없는 정력과 열정을 가지고 화려한 성취를 얻을 수 있는 많은 활동에 참여한다. 또는 별달리 효율적인 성과도 없이 잡다한 활동성을 보이기도 한다.

관리자와 동료들은 이들의 그러한 정력과 열정을 재치 있는 반복 기억과 협력적 도움을 통해 우선권 설정과 조직화에 이르도록 도와줄 수 있다. 그렇게 되면 전체 사무실은 보다 원활한 기능성을 보일 것이다. 사교형들은 개방적이므로 다른 사람들은 이들이 언제 휴가를 받았는지 따위를 금방 탐지할 수 있기 때문에 칭찬과 개인적 관심이 따른 언어적 격려를 해 줄 수 있을 것이다.

(1) 사교형에 대한 지도

사교형을 지도할 때는 너무 많은 것을 제공하지 않아야 그들이 압도당하는 느낌을 받지 않는다. 세부적이거나 지루한 정보들은 가급적 많이 생략한다. 그들을 항상 무엇인가에 참여하도록 이끌어 준다. 사교형들은 근육의 활용을 좋아하는 참여적 학습자들이다. 그들에게 우선적으로 필요한 사항에 대해 느낄 수 있도록 하고, 이해했는지 여부를 당신에게 알리도록 한다. 다음으로 그들에게 체계적인 피드백을 제공해 준다.

이 유형의 사람들은 종종 준비가 미비하거나 완전한 이해를 획득하기도 전에 성급히 뛰어들거나 실행하려고 한다. 혹시 그들이 무엇인가 잘못을 해도 체면을 잃지 않게 하고, 일을 올바르게 처리했을 때는 칭찬을 아끼지 않도록 한다.

사교형들은 너무나 많은 기회들이 널려 있을 때일수록 우선권과 해결책의 제시를 어렵게 생각한다. 이런 일이 벌어질 때는 물론 일시적이지만, 사교형답지 않게 침묵을 지키거나 꼼짝을 하지 않기도 한다. 다른 사람들은 이들이 실행할 일에 대해 우선권을 정해 주어서 도움을 제공해 줄 수 있다. 사교형들은 이러한 접근 방식을 통하여 자신의 감정을 사실, 또는 다른 사람들의 예상에 이입시키지 않을 수 있다.

아이러니컬하게도 사교형들은 체계화라는 개념 앞에서는 주눅이 들다가도 실제 체계화를 겪으면 근심 수준이 줄어든다. 사교형 사람들은 자신의 성격이 누구에게나 통용되지 않는다는 것을 알아야 한다. 진짜로 중요한 것에 집중하고 또 집중하는 것이 행복의 감각에 필수적이다.

사교형들은 때로 많은 아이디어를 갖고 있어도 그것을 실행할 수 단을 갖고 있지 않은 경우가 많은 아이디어맨이다. 그런 아이디어들을 실행할 수 있도록 그들을 이끌어야 한다.

그 때까지 완수한 성과는 칭찬하고 동료들과의 참여적 협조를 격려하며 한계 요인들을 설명하고, 정상 궤도를 유지하는 방법을 보여 주도록 한다. 또 각각의 사람들의 자연스러운 직무 유형에 맞도록 과업을 조직화한다. 어떤 차의 범퍼에는 이런 글귀가 있다. 『오리에게 노래 부르는 법을 가르치지 말아라. 시간 낭비일 뿐이고, 오리를 귀찮게 할 뿐이다.』

(2) 사교형과의 의사 소통

사교형들과는 열정적으로 교류할 준비를 갖추어야 한다. 그들에게 말을 하게 하고, 당신의 동작과 목소리에 많은 활동성을 부여해서 그들에게 관심을 가지고 있음을 보여 주도록 한다. 그들과 목표에 관계가 있는 이야기나 마음의 그림들을 포함한 당신의 아이디어를 설명해 준다. 사교형들은 사람들과의 교류를 좋아한다. 따라서 토의는 너무 서두르지 않도록 한다. 사소한 이야기와 개인적인 친분의 기회들을 마련하도록 한다.

사교형 사람들은 주로 다각적이고도 오른쪽 뇌 중심의 관점에서 행동한다. 그들은 정신적 그림을 먼저 보고, 그 그림들을 문장으로 바꾼다. 사교형들은 세부 사항보다는 주된 사상과 보편성을 좋아하고, 각 결정들은 충동, 느낌, 타인의 추천과 증명에 근거하여 내린다. 이 유형의 사람들은 주로 감정이 지배한다. 그렇다고 논리성이나 사실을 허용하지 않는다는 것은 아니다. 다만 느낌과 감정이 우선한

다는 것뿐이다. 사교형 사람들에게 사고 과정은 감정에 따른 것일 뿐
이다.

　사교형들은 전체상을 바라보기를 좋아한다. 이들은 사실과 세부
사항에 의한 동기유발이 어렵기 때문에 당신이 다룰 내용은 짤막한
개괄이나 요약으로 전달하는 것이 반응을 이끌어 내기에 더 효과적
이다. 그들의 의견과 꿈에 집중하고 자극적이며 즐거운 아이디어를
개발하도록 한다. 사교형 사람들은 자신의 꿈을 숨기는 사람들을 경
멸한다. 따라서 그들이 자신의 말을 행동으로 옮길 수 있는 방법을
제시해서 풍부한 아이디어에 지원을 제공해 주도록 한다.

　설령 그들의 생각에 동의하기가 어렵다 해도 논쟁은 피하도록 한
다. 왜냐하면 그들은 갈등을 싫어하기 때문이다. 또 설령 논쟁을 벌
인다 해도 그들의 무기는 감정과 직관이므로 이길 수도 없다. 사교형
사람들은 궁지에 몰릴 때는 자기의 언어와 감정에 대한 능력을 바탕
으로 사람들을 휘어잡고 상대의 감정에 호소하려고 한다. 가급적 논
쟁은 피하고 대안을 찾도록 한다. 동의에 이르렀을 때는 누가, 언
제, 무엇을, 어떻게 등 구체적인 세부 사항들을 상세히 설명하도록
한다. 그 다음 그 내용을 문서화하여 사교형 사람들이 사후 세부사항
들을 까먹는 일이 없도록 한다.

　업무를 사교형에게 위임할 때는 그들로부터 분명한 동의를 얻도록
한다. 점검 지점과 시간을 정하여 진척 사항 없이 늘어지는 것을 피
하도록 한다. 그렇지 않으면 그들 고유의 일 처리 방식——가장 좋
게 느껴지는 특수 사항만 처리하고, 덜 자극적인 과업, 특히 사후 강
화 및 점검을 포함하는 과업들은 마구 지체하는——에 빠져들고 말
것이다.

(3) 사교형과의 상담

사교형들로 하여금 무엇이든 그들을 괴롭히는 것에 대해 자유롭게 이야기하도록 한다. 사실과 감정 모두에 주의하되, 우선적 주안점을 그들의 감정에 두도록 한다. 탐측적인 질문을 하고 그들에게 도전이나 어려움을 어떻게 해결하는지 물어서 함께 해결하도록 한다. 때때로 그들의 감정과 생각을 밝혀 주는 것 하나만으로도 긴장감을 줄여 줄 수 있다. 말하기는 이들의 스트레스를 배출시켜 주며, 인간 관계가 그들의 에너지 수준에 영향을 미친다는 측면에서 볼 때 그 자체가 하나의 목적으로 간주될 수도 있다.

사교형 사람들은 스트레스가 덮치면 다른 방식을 찾고, 보다 긍정적인 유쾌한 경험들을 추구한다. 이들은 가능하면 문제를 회피하려고 한다. 이들은 중압감이 지속되면 말 그대로 완전히 손을 놓는다. 이런 전술이 모두 실패하면 사교형들은 광분하고 만다.

그들의 개인적인 감정과 경험에 귀를 기울여 주도록 한다. 왜냐하면 그들은 표현적이면서도 자신의 감정을 쉽게 남과 함께 나누는 사람들이기 때문이다. 이들 유형은 가급적 구미에 맞고도 급하지 않은 대화를 통한 개방적, 대응적인 교류를 원한다.

사교형 사람들은 복잡하거나 부정적으로 들리거나 잡다해 보이는 문제점들은 피하려고 한다. 또 이들에게 그런 상황에서 당신이나 타인에게 긍정적 태도를 보이도록 요구하는 것은 무리이다. 문제가 되는 행동은 어떤 것인지를 그들에게 구체적으로 보여 주도록 한다. 또한 문제점을 없앨 수 있는 행동들을 규정하고 차후의 오해를 막기 위해 상호 동의를 거친 행동 계획서들을 글로 남겨 두도록 한다. 사교형들은 대화는 가벼울수록 좋은 것으로 여기므로, 그들이 부정적으로 또는 불편하게 생각할 소지가 있는 문제점의 거론은 가급적 회피하는 게 좋다. 또 이들은 언제나 제대로 이루어지고 있는 사항들을 다루기 좋아하므로 질문은 가급적 낙관적으로 진술하도록 한다.

이들은 의사 결정의 합의를 도출할 때 그다지 많은 어려움이나 사후 강화, 세부 작업이나 장기적 열의를 요구하지 않는다는 것을 알고 나면, 당신의 제안에 대해서도 개방적 태도——그것이 자신들을 멋 있게 보이고, 좋은 기분을 느끼게 해 준다는 사실을 알기만 하면—— 를 보일 것이다. 다른 생각, 의견, 행동을 제시할 때는 그들에게도 적절한 방식이 될 수 있음을 확인시켜 주도록 한다. 또한 그들의 기대치에 부응하는 해결책 도출에도 집중하도록 한다. 아울러 당신은 서로에게 어려움을 야기시키는 것을 원하지 않는다는 점을 강조하도록 한다.

무엇보다도 당신의 의견 제시는 상황(과업이나 관계)을 그들이나 타인들에게 혜택이 될 수 있는 쪽으로 손쉽게 변화시켜 주는 선물이 되도록 해야 한다.

(4) 사교형의 동기유발

사교형 사람들은 자신의 충분한 노력을 자극할 만한 특별 상품이나 경품을 좋아한다. 동기유발시에는 무엇보다도 다른 사람들의 눈에 그들이 훌륭해 보일 수 있는 것을 선택해야 한다. 많은 조직들이 연간 단위로 자사 직원들의 동기를 자극하는 경연 대회를 연다. 이럴 때 사교형들은 대개 첫 1, 2주 동안은 신속한 승리를 위해 열심히 뛰어다닌다. 그러다가 다른 일로 잠깐 방향을 선회하게 되면, 종종 그 경연 대회가 끝나기까지 일 주일밖에 안 남아도 아무 일도 하지 않는다. 그들이 끝까지 흥미를 잃지 않는다면 승리할 기회는 충분하다. 하지만 문제는 그들이 일 년 내내 그 목표에만 매달리지 않는다는 점이다. 그렇다면 그들의 동기를 일관되게 유지시키려면 어떻게 해야 하는가? 사교형인 사람들은 때마다 꾸준한 보상을 좋아하므로 경연도 그 해가 끝날 무렵 큰 것 하나를 향해 규모가 더욱 커져 가는 형식을 갖추고, 매회마다 소규모 보상이 갖춰진 짧은 대회를 좋아한다. 그렇지 않을 때는 대개 실행이란 측면에서 자기보다 우수한 다른 동료들의 도움을 요청한다.

사교형들에게는 합법적으로 그럴 만한 가치가 있을 때 개인적인 칭찬을 해 주어야 한다. 그들의 매력, 친근성, 독창적 아이디어, 설득력, 또는 그 무엇보다도 훌륭한 외양에 대한 언급을 해 주도록 한다. 보다 구체적인 업무 중심의 언급에 반응을 보이는 다른 유형들과는 달리, 사교형 사람들은 다가오는 시간에 보다 보편화될 사람들과의 교류에서 정신적인 활력을 얻게 된다.

그들의 행동에 대해 보상이나 강화를 하는 것이 필요할 때는 그들의 관심사나 대상에 대한 해결책을 찾아 낸 것에 대해 당신이 매우 기쁘게 생각한다는 점을 보여 주도록 한다. 이와는 별도로 당신이 그들의 개방성과 적극성을 매우 높이 평가하고 있다는 사실도 밝히도록 한다.

이 정도면 사교형들이 얼마나 선천적으로 다변형이고 사람들에게 편하게 대하는지 알게 되었을 것이다. 이 모든 것은 사교형 사람들이 집단의 사기와 동기 유지에 노력하도록 만들기 위해 필요한 것들이다. 그들은 큰 소리로 자신의 생각을 밝히며 브레인스토밍 과정에 참여하기를 즐긴다. 따라서 인정에 따른 보상, 오락, 자금 모집 활동 등에는 이들의 의견과 원조를 얻는 것이 좋다. 이들은 타인의 인정을 얻으려고 애쓰기 때문에 관심을 이끌 수 있는 활동에 적극적으로 나선다.

◎ 행동 계획 ◎

당신이 사교형이라면?

- 필요시 주요 세부 사항에도 관심을 가질 것.

- 일관적인 업무 진행의 노력을 강화할 것.

- 사교 활동이 삶의 다른 국면들과 조화를 이루고 있는지 점검할 것.

- 무엇이든지 기록하고 목록 중심으로 정리해서 무엇이, 언제 시작되는지 알아 둘 것.

- 활동에 대한 우선 순위를 정해서 중요성의 순서에 따른 과업에 집중할 것.

- 일 처리 방식에서 보다 조직적이고 질서를 갖도록 노력할 것.

- 하기 싫은 일일수록 그 날 안으로 빨리 끝낼 것.

- 활동의 시간 관리적 측면에 더욱 주의를 집중할 것.

- 이미 알고 있는 과업과 목표의 추진 과정을 밟고 있는지 확인할 것.

부하 직원이 사교형일 때 도와줘야 할 사항은?

- 우선권 설정과 체계화

- 과업을 처음부터 완성에 이르기까지 마무리짓게 하는 것.

- 사람과 과업들을 보다 객관적으로 바라보는 것.

- 과도한 조언의 남용을 피할 것. 이는 과업에 대한 집중력을 떨어뜨린다.

- 필기 습관 기르기

- 재미있는 일만 하려고 하지 말고 불쾌한 일도 할 것.

- 현재 어떤 일이 중요한지에 집중할 것.

- 꾸물거리거나 남이 대신 해 줄 것을 기다리는 습성을 피할 것.

관계형 지도자들 : 자기 방식을 최신화하도록 격려하라

관계형들은 업무 현장에서 안정감과 끈기로 공헌한다. 사무실에서는 조화를 추구하는 업무 성향으로 인해 대개 직무 환경과도 잘 어울린다. 하지만 구태의연한 방식을 언제까지고 반복하는 경향이 있다. 때로는 업무 절차에 처음 절차를 배울 때만 필요하고 지금은 포기했어야 할 단계들까지 포함시키기도 한다. 또 때로 불필요한 단계의 제거라는 간단한 방식의 실행만으로도 자신의 업무 과정을 개선할 수도 있다. 지시형과 사교형 사람들은 이러한 측면에서 관계형들에게 도움을 줄 수 있다. 그리고 요청받기만 한다면 사색형들도 새로운 업무 처리 방식을 제시해 줄 수 있을 것이다.

(1) 관계형에 대한 지도

관계형들은 업무 트레이닝을 받을 때는 처음부터 끝마무리까지 실제 인물에 의한 일대일 방식의 직접적인 지도를 좋아한다. 그들은 각 단계를 익힐 때마다 자기가 훌륭하게 기능하는 것에 대해 만족감을 느낀다. 관계형들은 트레이닝과 기타 새로운 상황에서 평균 이상으로 타인들을 관찰하는 습관이 있다. 이들은 제대로 과업을 수행할 수 있게 된 뒤에야 비로소 안심하고 일을 시작한다. 이와 같이 느린 페이스는 성급히 추진부터 하는 지시형과 사교형들을 짜증나게 한다. 빠른 페이스의 유형들은 이러한 지시형의 느린 직무 수행 방식을 이해해야만 업무 완수를 제대로 이루어 낼 수 있을 것이다.

언제든지 관계형에 맞출 수 있는 준비를 갖추도록 하자. 단계별 절차와 업무 시간표/스케줄은 당신이 관리하도록 한다. 관계형들은 자기가 하는 행동이 제2의 천성이 될 수 있도록 절차를 몇 번이고 반복해서 안전성을 확인하려고 한다. 이와 동시에 그들은 당신이 기대하는 것을 학습하는 과정에서 즐겁고도 꾸준한 접근 방식을 사용하기를 좋아한다.

(2) 관계형과의 의사 소통

관계형을 대할 때는 경청보다는 말하기에 익숙해지는 것이 좋다. 왜냐하면 이들은 자기에게 주의가 집중되는 것을 불편해 하기 때문이다. 중요한 사항을 그들에게 분명히 해 둘 때는 당신이 말한 바를 충분히 이해하고 받아들였는지 점검해 가면서, 만반의 준비를 갖추면서 꾸준하고도 천천히 진행해 갈 수 있도록 해야 한다.

관계형과 문제 내지 결정 사항을 처리할 때는 한 번에 한 가지 주제, 또는 상황을 한 단계씩 처리해 나가야 한다. 분명히 해 둘 사항이 있을 때는 다른 항목으로 진행하기 전에 그들이 준비를 갖추거나 자세가 되어 있는지, 그리고 할 능력이 있는지 확인해야 한다. 그들은 안정성을 필요로 한다는 사실을 항상 명심하고 차분하고도 편안한 방식으로 일을 처리하도록 한다. 현조건에 보다 많은 안정성을 부여할 수 있는 하나의 방법으로써 의사 결정 과정에 그들도 제안을 제시하도록 격려해 준다.

관계형들에게 다른 가능성을 제시할 때는 그들에게 유쾌한 방향으로 일이 진행되도록 도와 줄 수 있는 방법들을 도출하려는 의도를 보여 주도록 한다. 단지 그들에게 바라는, 그래서 당신에게도 중요한 상호 관계의 기대치를 안정화시킬 수 있는 생각 또는 의견만은 꼭 확보하도록 한다.

관계형 사람들은 다른 사람들에게 일처리를 함께 하자고 권유하기를 불편하게 생각한다. 당신으로서는 이러한 그들의 충실성과 공정한 태도 모두에 호소할 수 있다. 그들에게 과업을 주고 마감 시한을 정하며 그렇게 해야 되는 이유를 설명하도록 한다.

(3) 관계형과의 상담

관계형 사람들의 사고와 감정을 이해하는 데 많은 시간을 할당해서 각 상황의 감정적 측면을 이해하도록 한다. 관계형 사람들은 대개 자신의 감정을 직접적으로 표현하지 않는다. 따라서 질문과 반응을 경청하여 그것들을 도출해 내도록 한다. 이 유형의 사람들은 좋은 것이든 나쁜 것이든 급격한 변화에는 움츠러든다는 사실을 명심해야 한다. 잊지 말아야 할 것은 언제든지 미지의 것은 이들의 안정 추구적 태도를 분열시킨다는 점이다. 특정한 변화가 그와 회사에 어떤 혜택을 가져오는지를 보여 주어야 비로소 관계형의 근심은 감소될 것이다.

그들에게 정확한 특정 행동을 원할 뿐이라는 점을 분명히 한다. 관계형들은 모든 것을 개인적으로 돌리는 성향이 있다. 그러므로 『자네는 뭔가 잘못했다』는 식의 태도는 가급적 보이지 말아야 한다. 관계형들에게는 비난과 판단을 하지 않는 것이 좋다. 다만 대화가 행동 중심적이 되도록 하고 그들의 적절성에 맞춰지도록 한다. 만일 문제가 절차에 있다면 이를 고쳐 가는 방법을 보여 주도록 한다. 그들이 이미 제대로 하고 있는 것은 위협적이지 않은 방식으로 지적하고 변화가 필요한 것은 강조하도록 한다.

(4) 관계형의 동기유발

관계형들은 일련의 절차를 반복해서 철저히 익히겠다는 생각 외에도, 타인들과의 관계는 자신의 꾸준함을 통해 혜택을 입을 것이라고

◎ 행동 계획 ◎

당신이 관계형이라면?

- 편안한 수준을 넘어서서 조금 더(또는 다른) 많은 직무를 맡도록 노력하자.

- 당신의 사고와 감정을 말로 표현하는 횟수를 증가시키자.

- 프로젝트에 보다 빨리 참여해서 행동의 속도를 높이도록 하자.

- 민감성을 다소 약화시켜서 동료들의 감정이 자신의 업무 성취에 방해가 되지 않게 하자.

- 기존 관행의 변화나 정제 과정에 대해 보다 빨리 적응하자.

- 단호함의 기법을 강화하자.

부하 직원이 관계형일 때 도와줘야 할 사항은?

- 신속한 해결이 가능한 방법을 활용하고 불필요한 단계를 제거하는 방법 제시

- 성장 과정을 점검해주기

- 언제나 똑같이 행동하는 것을 회피하는 방법 제시

- 다른 사람들의 생각이나 감정에 신경쓰지 않고 목표에 집중하는 것.

- 과업에 대한 접근 방식은 다른 것도 있다는 인식의 강화

- 위기나 변화에 대한 보다 개방적인 태도

- 진정으로 높이 인정받고 있다는 느낌의 제공

- 사고나 느낌을 제대로 표현하는 법

- 남이 시키는 일에만 집중하는 태도의 수정

- 적절한 신뢰성과 칭찬을 받아들일 수 있도록 하기

느낀다. 그들의 팀워크와 신뢰성을 지적해 주도록 한다. 다른 사람들이 그들을 어떻게 보는가와 그들이 동료들과 잘 어울린다는 것, 상호 관계 구축에 기울인 그들의 노력이 회사에 얼마나 중요한 것이었는가 등을 언급해 준다. 너무 과장하면 의심을 사니까 추상적이고 개인적인 찬사보다는 그들이 실제 행한 일에 집중하도록 한다. 그렇지 못할 때, 그들의 겸손과 당신이 보인 모호성으로 인해 논평이 무시당하는 결과를 빚을 수도 있다.

관계형의 행동을 보상하거나 강화할 때는 당신과 타인들에게 도움이 되기 위해 노력하는 그들의 열의에 감사하는 것에 집중하도록 하자. 즉, 일의 접근 방식에 있어서 체계적이며 겸손하고도 좋은 매너를 거론하도록 한다. 아울러 그들이 아이디어, 관심, 통찰력을 제시하여 결과의 확보에 도움이 될 때, 중요한 공헌을 하는 것임을 지적해 주도록 한다.

사색형 지도자들 : 그들의 완벽주의를 품질로 대체하라

(1) 사색형에 대한 지도

사색형 사람들을 지도할 때 우선적으로 기억해야 할 사항은 가장 중요한 사실부터 지적해 주는 것이다. 그 다음 각 절차를 효율적이고 논리적으로 제시하면서 단계마다 목표들을 강조하도록 한다.

상대적으로 느린 페이스를 유지하고, 각 중요한 순간에 멈추어서 그들이 이해했는지 점검하도록 한다. 또한 적절한 시점에서 업무 능력의 향상에 필요한 입력 사항을 일깨워 주도록 한다. 이러한 접근법이 과업에서 성공을 거두고 사색형 사람들의 스트레스 수준을 최소화하는 방법이다.

◎ 행동 계획 ◎

<table>
<tr><td>당신이 사색형이라면 ?</td></tr>
</table>

- 비판 정신(말로 표현되든 안 되든)을 다른 사람의 업무에 맞춰 수정하자.

- 점검 빈도를 낮추거나, 모든 것이 아닌 핵심적 사항들만을 점검해서 과정의 흐름이 지속될 수 있도록 한다.

- 자제 중심적 감정을 완화하고 보다 편안한 교류에 집중하도록 한다.

- 완벽하지 않아도 높은 기준을 이룰 수 있다는 사실을 받아들이자.

- 때로는 나와 불일치를 보이는 동료(또는 상사)에게 회피하거나 무시하는 태도를 보이지 말고(그러면서 하던 방식을 고수하지 말고) 당당하게 대하자.

- 과도한 준비 태세의 성향을 누그러뜨리자.

<table>
<tr><td>부하 직원이 사색형일 때 도와줘야 할 사항은?</td></tr>
</table>

- 그들의 지식과 전문성을 다른 사람들과 함께 공유하도록 할 것.

- 그들이 피하려는 사람들에게 당당히 맞서도록 할 것.

- 실질적 마감 시한과 제한 요소를 두도록 할 것.

- 사람들과 과업을 너무 심각하거나 비판적으로 보지 않도록 할 것.

- 그들의 생활이 인간 관계와 과업 사이에 균형을 찾도록 할 것.

- 잦은 점검을 피하면서 과업의 처리 과정을 유지하게 할 것.

- 최고의 우선권을 갖는 항목에는 높은 기대치를 유지하되, 전부 그럴 필요는 없음을 인식시켜 줄 것.

(2) 사색형과의 의사 소통

사색형은 복잡한 사고 패턴을 갖고 있으므로 그들의 의사 결정은 정보와 역사성에 주로 바탕을 둔다. 그들은 사실에 근거를 둔 이성적 선택에 바탕을 두고, 다른 사람들의 의견이나 증명은 오직 상대가 자신이 존경하는 인물일 때만 귀를 기울인다.

또한 그들은 어떤 것을 인정하는 증명이 있더라도 가급적 서류화된 사실들을 보고 싶어한다. 사색형 사람이 『좀 생각해 봐야겠군요』하고 말할 때는 진짜 그래야겠다는 것을 의미한다. 당신이 그들을 도와 주는 방법으로는 요청해 온 자료를 제공하는 것과 스스로 올바른 결정을 내릴 때까지 기다리는 두 가지 방식이 있다. 마감 시한과 제한적 요인을 강조함으로써 그들이 추진하는 절차 내에서 시간 윤곽을 마련하도록 한다.

사색형들과의 의사 소통에서는 준비를 철저히 하고 명확히 하도록 한다. 왜냐하면 사색형 사람들은 특정 상황과 주제에 대해 논리적인 결론을 얻기 위한 방법의 일환으로 많은 질문을 던지기 때문이다. 그들에게 가장 급박한 관심사가 무엇인지 확인하고 싶을 때도 있을 것이다. 그런 경우에는 겸손하고도 성급한 판단을 피하는 태도로 질문을 던져서 사색형이 원하는 적절성, 객관성, 확실성들을 도출하도록 한다.

그들이 현재 고려 중인 문제나 의사 결정을 토의할 준비가 되어 있는지 확인하면서 커뮤니케이션의 장을 마련하도록 한다. 그들이 미처 준비되어 있지 않으면 서로에게 편안한 시간을 다시 정하거나, 이 주제를 추구하는 과정에서 야기된 그들의 근심이 무엇인지 탐측하도록 한다.

상황 자체를 탐측할 때는 전 과정에 대한 인상을 점검하도록 한

다. 관련된 문제나 의사 결정과 가장 적합한 방식으로 그것을 해결하
는지 여부에 대해 동의를 얻을 때는 논리적인 방식을 택하도록 한
다. 이때 가급적 그들과 당신, 기타 주요 해당 인물들이 가장 만족할
수 있는 방식을 택하도록 한다.

사색형 사람들에게 다른 가능성을 제시할 때는 당신과 그들, 기타
사람들이 바람직한 해결책이나 조건에 도달할 수 있도록 해 주는 생
각, 견해, 행동들을 도출하려 한다는 사실을 확인시켜 주도록 한다.
그 결과 어려움과 혼란이 극소화될 수 있음을 강조하도록 한다. 그
상황에 그들이나 기타 그들이 알고 있거나 인정하는 사람들이 제시
할 수 있는 통찰력이나 제안이 있는지도 물어 보도록 한다.

구체적 상황에서 그들이 요구하는 구조나 안내에 관한 가장 중요
한 질문에 답할 시간을 확보하도록 한다. 사색형 사람들은 세부 사항
을 잘 이해하면 할수록 그 과업을 성공적으로 끝낼 가능성도 높아진
다. 마감 시한을 정하는 것을 잊지 말아야 한다.

(3) 사색형과의 상담

과정, 절차, 문제점에 대한 그들의 생각을 유도해 내도록 한다.
관계형도 그렇지만 사색형은 자신의 생각이나 견해를 간접적으로 표
현한다. 따라서 그들로 하여금 말을 하도록 꾸준히 노력해야 한다.
이 유형의 사람들은 예견하지 못했던 실수를 발생시키거나, 미래라
는 것은 알지 못하는 변인들로 간주하므로 변화를 별로 좋아하지 않
는다. 그렇지 않을 때는 최소한 사전에 계획을 세워서 그 변화의 처
리 과정에서 필요한 핵심적인 고려 사항들을 자신의 통제 밑에 두려
고 한다.

변화를 도입할 때는 그것이 그들에게 가져다 줄 수 있는 역작용

을, 그것도 가급적 첫 단계에서 제시해 주도록 한다. 이를 통해 그들은 미래에 대해 좀더 많이 알게 되고 다가오는 변화에 대해 편안함을 느끼게 될 것이다.

사색형 사람들에게 일의 처리 방식을 보여 주어 모든 형식을 습득하고, 필요에 따라 그들의 방식을 적절하게 수정하도록 한다. 사색형들은 언젠가 해야 할 일이라면 가급적 처음부터 시작하고 그것을 개인화시킴으로써 자신의 관점에서 볼 때 보다 훌륭하게 이루어질 수 있도록 한다.

그들은 자기에게 다른 방식을 제시할지도 모르는 사람들을 피하려는 경향이 있다. 이것은 사색형이 업무의 통제권을 가지려 할 때 사용하는 한 가지 방식이다. 그들은 자기의 잘못을 지적하려는 사람들을 피하려고 한다. 극단적인 경우 이러한 행동은 다른 사람들의 눈에는 교활한 것으로 비칠 수도 있다.

사색형들의 잘못을 고치려면 구체적 행동을 열거하여 어떤 식으로 수정되는 것이 좋은지 윤곽을 잡아 주어야 한다. 이때 서로 동의한 점검 내용과 시간을 정해 두도록 한다. 이들은 틀리는 것을 두려워하므로 체면을 깎아내리지 않도록 주의해야 한다.

(4) 사색형의 동기유발

사색형의 정확성과 논리성에 대한 욕구에 호소하도록 한다. 이 유형의 사람들은 황당한 언어 유희에는 아무런 반응을 보이지 않는다. 따라서 당신의 접근 방식은 분명해야 한다. 더 좋은 것은 구체적인 설명과 문서들을 제시하는 것이다. 과장과 애매모호함을 회피하면서 현재 제시하고 있는 것이야말로 추구할 수 있는 최상의 것임을 보여 주도록 한다.

사색형 사람들이 경쟁 체계에 참여하기로 결정을 내릴 때는 하나씩 하나씩 제대로 할 수 있을 때까지 자기 과업을 처리하듯 대처해 나갈 것이다.

사색형들은 처음에만 열의를 보이는 다른 동료들과는 달리 그 경쟁을 가치가 있는 것이라고 인정할 때는 인내심과 일관성을 보인다. 따라서 궁극적 승리로 진행해 갈 수 있게 하고, 그 과정에서 너무 많은 세부 사항에 치우치지 않도록 한다. 일부 사람들이 단기적 전투에만 집중하는 데 비해서, 사색형들은 총체적 승리를 통해 얻어지는 개인적 명예에 강력히 이끌린다.

그들의 효과성, 사고 과정, 조직성, 인내, 정확성 등을 언급해 주도록 한다. 당신이 잘 아는 사람이 아닐 때는 사색형에게 개인적인 사항들과 전문적인 사항들을 혼합해서 언급하면 안 된다. 설령 잘 아는 사람일지라도, 그들은 보다 사적인 의견 교환과 그럴듯한 칭찬들을 좋아할 것이다.

칭찬은 간단하고 간결하게 하도록 한다. 때로는 사색형 사람들이 스스로에게 설정해 놓은 고도의 개인적인 기준에 도달하려는 노력이 얼마나 힘든 것인지를 인정해 주는 것에 초점을 맞추어 준다. 또한 이러한 개인적 특성 때문에 당신에게, 또 당신과 그들의 관계에 많은 도움이 되었음을 감사히 여긴다는 사실에 집중하도록 한다. 이를 위해 구체적이고도 적절한 실례를 들어 그 사실을 증명하도록 한다.

그리고 그들의 반응을 주목해 보자. 만일 그들이 불편해 하는 것 같으면 당황하게 만들 의도가 없었으며 그저 높이 평가한다는 사실을 알려 주고 싶었을 뿐이라고 말해 준다. 그들의 반응이 긍정적일 때는 유사한 일을 통해 그들이 느끼는 만족감과 즐거움에 대해서 좀 더 말해 줄 것을 요청하도록 한다.

「최상」의 지도자 유형

　명심하도록 하자, 최고의 전능적인 지도자 유형이란 없다는 것을. 다만 어떠한 업무, 역할, 구체적 상황들이 성공적 과업 완수를 위해 필요한 것인지 깨닫고, 이러한 요소들을 가지고 원하는 결과가 나올 수 있게 하는 사람을 최고의 지도자라고 할 수 있다. 때로 여기에는 당신의 강점과 필요한 행동들이 명쾌하게 결합되는 것이 요구될 수도 있고, 다른 경우에는 여러 가지 행동 요건들이 요구될 수도 있다.

　효과적인 지도자란 새로운 방식을 활용하거나 또는 문제에 즉각적인 공헌을 할 수 있는 재능과 정력을 갖춘 사람들을 찾아냄으로써 자신의 선천적 행동유형에 적응성을 부여하는 사람이다.

　또한 좋은 지도자란 환경을 수정하기 위해 노력하는 사람들이기도 하다. 여기에는 다른 사람들의 안녕을 해치지 않으면서 필요한 과업을 성공적으로 완성할 수 있도록 업무의 우선 순위를 변화시키는 능력도 포함된다. 생산성은 이러한 획기적인 지도 기법과 선택권을 통해 극대화되는 것이다.

행동유형에 따른 세일즈와 서비스 전략

세일즈와 서비스에 행동유형을 활용하라

모든 세일즈 또는 서비스에는 일정한 유사성이 있다. 그러나 전문적인 세일즈맨과 그렇지 못한 사람이 보이는 기술은 매우 다르다. 전문가들은 팔기보다는 도와 주기, 말하기보다는 듣기, 설득보다는 문제 해결, 일회성 판매보다는 장기적인 고객 개발에 집중한다. 전문가들이 사용하는 이러한 기술들은 단순하면서도 매우 강력하다. 이러한 기술을 사용하는 세일즈맨들은 자기 자신과 고객 모두가 세일즈 및 서비스 교환과 상호 교류를 긍정적으로 생각할 수 있도록 세일즈 과정의 협동성에 주의를 기울인다. 전문적인 세일즈 및 서비스 스텝들은 비록 각 고객들의 행동유형에 따라 전체적 접근 방식에서 다소의 차이는 있을지라도 다섯 가지 특정 단계를 밟아 가는 면에서는 공통적이다. 여러분은 구매자의 입장에서든 판매자의 입장에서든 여기에 나오는 특별 기법들을 활용함으로써 세일즈와 서비스 교류를 극대화하는 방법을 익힐 수 있을 것이다.

다음으로 진행하기 전에 여러분의 세일즈 및 서비스 상황에서 만났던 지시형, 사교형, 관계형, 사색형의 인물들을 한 명씩 상기해 보도록 하자. 비즈니스적인 측면에서 이들과의 교류를 통해 얻을 수 있었던 혜택은 무엇이었는가?

행동유형에 따른 세일즈와 서비스의 5단계

(1) 제1단계 : 접촉하기

예상 고객들과 이야기를 나눌 때의 목표는 일련의 커뮤니케이션 출구를 열어둠으로써 본격적인 비즈니스 관계를 구축하는 것이다. 전문적인 세일즈맨들은 굳건한 교류의 핵심이 즉각적인 제품 및 서비스의 제공을 초월하는 다른 것에 있다고 믿고 있다. 상호 교류와 그 뒤에 이어지는 판매에는 신뢰 구축과 역량, 자신감, 신용을 발전시키는 일이 중요하다. 당신이 예상 고객의 이해에 최우선적인 관심을 두고 있음을 상대가 아는 순간부터 나머지 모든 과정들도 지속될 수 있다. 오늘날의 구매자들은 자신과 자신의 사업, 생활에 관심을 보여 주는 전문가들을 가장 고맙게 받아들인다.

(2) 제2단계 : 요구 탐측

전문적인 세일즈맨과 서비스 요원들은 자신에게 주어진 시간의 상당 부분을 예상 고객의 요구를 탐색하는 데 소비한다. 이때 그들은 고객의 요구만을 탐색하는 것이 아니라 기회 역시 탐색한다. 요구를 찾는 것만으로는 고객에게 문제점이 있다는 것을 확인하는 것 외에는 아무런 의미를 갖지 못한다. 세일즈맨은 기회를 탐색하거나 창출해 내는 순간부터 비로소 고객의 현존 조건들을 책임지는 컨설턴트의 입장에서 개선책을 제시해 줄 수 있게 된다.

성공적인 전문가들이란 예상 고객들을 이와 같은 탐구 과정에 참여할 수 있게 하는 사람들이다. 당신은 훌륭하게 구성된 질문을 제시하고 고객 상황의 다양성 연구를 통해 상호 협조와 공동의 열의를 위한 기초를 구축할 수 있을 것이다.

(3) 제3단계 : 해결책 제시

잠재적인 고객과 만남을 갖고 그들의 상황에 대한 탐색이 끝났다면, 다음으로는 다양한 대안책의 선택을 놓고 협동하는 것과 문제에 대한 해결책을 제시하는 것이 뒤따른다. 여기에서도 전문적인 접근법을 들라면 서로가 고객 요구에 대한 적합한 해결책을 찾기 위해 노력하는 것이라고 할 수 있다. 여러분이 이러한 포괄적인 협조를 고객들과 나누는 동안에 구체적 문제가 발생할 때마다 해결책이 자연스럽게 부각된다.

(4) 제4단계 : 약속의 획득

약속의 획득은 예상 고객들과의 의사 소통과 동의가 이루어지는 동안 자연스럽게 얻어지는 결과이다. 이미 교류 초기부터 세일즈맨과 고객이 함께 공동 목표를 향해 노력을 했기 때문에 이 지점에 이르러서 다른 의견이 제시될 가능성은 없다. 좀더 세세한 항목들을 다룰 필요성은 있을지 몰라도 그것들이 장애로 작용하는 일은 없을 것이다. 전문적인 세일즈 및 서비스 요원들에게 판매 확인은 더 이상 가능성 여부의 문제가 아닌 시간 문제일 뿐이다. 구매 저항이 발생한다면, 그것은 보다 많은 정보를 원하는 것이거나 세부항목을 분명히 하기를 원하는 것일 뿐이다. 커뮤니케이션의 간극도 문제가 되지 않는데, 그것은 경험이 많은 세일즈맨일수록 모든 것이 고객에게 분명히 이해되고 수용될 때까지 충분한 시간을 투자하기 때문이다.

(5) 제5단계 : 감동 확인

전문적인 세일즈 및 서비스 요원은 고객 감동을 위해 노력하는 사람들이며, 그것이야말로 자신이 존재하는 근본 이유—— 장기적인 자산—— 로 여기는 사람들이다. 이 전문가들은 자신의 역할을 단순한 판매인이 아닌 품질 서비스 제공자로 생각하기 때문에 판매가 끝난 다음부터 곧바로 고객 감동을 확인하는 작업에 들어선다. 이들은 고객이 정확한 배달 일시에 올바른 주문품을 받았는지 확인하며, 고객으로 하여금 결과를 추적하고 제공된 제품과 서비스가 특정 문제에 효력을 발휘했는지 분석하도록 도와 준다. 전문적인 세일즈맨들은 고객 감동을 확인해 가는 가운데 미래의 사업과 새로운 고객 확보를 보장해 주는 단골 고객들을 확보해 간다.

지시형에게 제품 및 서비스를 판매하는 법

지시형 사람들은 대개 기본 수익이 무엇인지부터 알고 싶어한다. 『이것을 통해 어떤 이익을 얻지?』『언제?』 등이 그들의 질문이다. 이들에게는 전체적 성과에 대해 알고 싶어하는 욕구를 채워 줄 수 있는 정보를 제공해 주도록 한다. 이들은 제품을 일일이 재조립하거나 제품에 대해 감동한 다른 고객들의 증언을 듣는 일, 급히 신뢰를 쌓기 위해 노력하는 일 따위에 시간을 소모하기를 원하지 않는다. 설령 이 책을 읽는 여러분이 세일즈맨의 신분은 아닐지라도 우리 모두는 매일 무엇인가를 판매하고 있다는 사실—— 아이디어, 성실성, 신뢰성, 이미지, 그럭저럭 먹을 만해 보이는 점심 등——을 명심해야 한다. 따라서 우리는 어떤 일을 하든지 일상 생활에서 지시형인 사람들에게 적용될 수 있는 세일즈 기술을 고찰해 볼 필요가 있는 것이다.

(1) 제1단계 : 지시형과 접촉하기

당신이 지시형인 사람들에게 편지를 쓰고 전화를 걸거나 약속을 정할 때는 격식을 갖춰서 비즈니스적 매너를 갖춰야 한다. 가급적 본론을 일찍 언급하고 바로 과업에 초점을 맞추도록 한다. 또한 기본 수익, 증가될 능률성, 절약될 시간, 투자 수익률, 이익 등을 언급하도록 한다.

항상 준비 태세를 갖추고 시간에 신경쓰며 효율성과 사업적인 모습을 갖추는 것도 신경써야 한다. 지시형은 느린 페이스를 참지 못하지만, 타인의 역량에 관해 알아보고자 할 때는 매우 용의주도할 수도 있다. 세일즈 또는 서비스 요원으로서 당신이 할 일은 지시형 사람들에게 충분한 정보와 함께 당신을 만날 경우의 인센티브를 제공해 주는 것이다. 전화를 걸 때는 『우리가 함께 행할 수 있는 업무 내용은 X, Y, Z가 있는데, 당신이 원하는 시간에 제가 방문해서 토의하실 수 있겠습니까?』 하는 식의 통화가 바람직하다. 이런 씨앗을 뿌려 둠으로써 당신은 지시형 사람의 관심도와 당신의 전화에 대해 우선권을 높일 수 있다. 물론 그 사람이 흥미를 가졌을 때만 그렇다. 이 유형의 사람들은 스스로가 분주하다는 것을 과시하려 하므로 여러 번 만나 주는 것을 꺼린다. 하지만 현재 소비되는 시간이 추후에 소비될 시간을 막아 준다는 생각이 들면 장래보다는 지금의 일을 처리하는 쪽을 선호할 것이다.

(2) 제2단계 : 지시형의 요구 탐측

지시형인 사람들의 조급성이 분출되는 것을 막으려면 간간이 질문을 통해 추가적인 정보를 제공해 주어야 한다. 물론 그 방식은 실제적이어야 한다. 지시형인 사람들은 다른 사람들과의 만남에 항상 의미를 부여하려고 하기 때문에, 당신의 질문에 대해 그것이 궁극적으로 지향하는 바가 무엇인지를 알고 싶어한다.

지시형인 사람들에게 제시할 질문을 준비할 때는 가급적 내용을 정제하고 실질성과 논리성을 갖추도록 해야 한다. 또한 현 주제의 핵심을 다루는 질문만 하고 가급적이면 직설적으로 묻도록 한다.

정보를 요청할 때는 다른 곳에서 얻을 수 없는 것만 요구하도록 한다. 정보를 수집할 때는 그들이 탐색한 결과나 그들의 현재 노력에 관해 충분히 연구했음을 보여 주는 질문을 하도록 한다. 이를 위해 해당 업종과 그의 기업에도 정통해야 한다.

또한 질문은 그들이 자신의 사업 목표에 대해 밝힐 수 있는 것으로 하도록 한다. 『당신의 리더십으로 인해 경영하시는 회사가 국내 27위에서 3위로 뛰어올랐다는 사실을 잘 알고 있습니다만, 현재는 어떻습니까?』모든 연구는 지시형 사람들의 시간을 절약해 줄 수 있는 방향으로 조절해야 한다.

(3) 제3단계 : 지시형을 위한 해결책 제시

제품 소개는 반드시 지시형의 우선 순위에 맞춘 것이어야 한다. 그들은 시간 절약과 이익 창출, 보다 편안한 생활과 효율성 강화 등에 관심을 갖는다. 기본 수익에 초점을 맞추고 혜택에 관한 신속한 진술을 제공하도록 한다.

지시형 사람들은 시간이 별로 많지 않기 때문에 의견을 고찰하고 평가할 여유가 없다. 따라서 당신이 직접 분석해 주고 그것을 열거하는 동안 자기가 승인하거나 거절할 수 있게 되기를 바란다. 지시형 사람들은 빠르고도 간결한 요구 분석과 해결책을 좋아한다. 여기에 부가해서 당신의 역량을 드러내고, 당신의 제품과 서비스가 그들의 목표 달성에 어떻게 도움이 되는지 보여 주도록 한다. 항상 결과에 집중하고 중요한 사안들을 강조하도록 한다.

제품 소개시에는 중간 단계들을 생략하고 쓸데없는 곁말도 없애며 실무적 사항에만 집착하도록 한다. 전문성은 지시형들에게 매우 중요하다. 당신의 기업 또는 보다 상세한 제품 소개 등에 관한 역사적 자료들을 제시하는 것이 적절하다고 판단될 때는 만나기 전에 기록하도록 한다. 중요한 사항들은 서류 더미에 파묻히지 않도록 미리 표시해 둔다. 그다지 중요하지 않은 사항들은 생략하도록 하고 기본 수익만을 제시하도록 한다.

또한 각 정보들은 복사물로 건네주어 차후에 그들의 기억을 새롭게 할 수 있도록 한다. 그렇지 않을 경우 지시형들은 사실 점검을 누군가에 위임할—— 대개 사색형이나 관계형처럼 그런 일에 적합한 사람들—— 것이다.

(4) 제4단계 : 지시형의 약속 획득

지시형과의 접촉에서는 솔직한 것이 좋기 때문에 그들에게 흥미를 갖고 있는지 여부를 바로 물어 보는 것이 낫다. 이런 식으로 묻도록 한다. 『이상의 토의 내용을 기본으로 할 때, 저희 서비스를 받으시거나 제품을 사용하시는 것에 흥미가 생기십니까?』 지시형 사람들은 별다른 조건을 두지 않고 이에 답할 것이다.

그러나 때로는 이들도 결정을 못 했기 때문에 연기를 요청하는 경우가 있는데, 이것은 당신의 제안에 대해 생각조차 하지 않았을 때 발생하는 현상이다. 지시형들은 다른 업무에 너무 바쁘다 보면 당신의 제안을 평가할 시간을 갖지 못할 수도 있다. 특히 충분한 정보를 얻지 못했을 때 그러하다. 지시형을 다루는 가장 좋은 방법은 그들에게 여러 옵션과 가능한 결과들을 제시하는 것이다. 지시형은 품질과 비용 관계를 항상 저울질한다는 점을 명심하고, 그들이 결정을 내리기를 원하는 시점에 이 정보들이 포함될 수 있도록 한다.

그리고 충분한 증거와 함께 옵션을 제공하고 마지막 결정을 그들에게 맡기도록 한다. 『말씀을 드리자면 손님은 A 방식을 선택하시거나(긍정·부정적 측면을 함께 제공), B 방식을 선택하시거나(좀더 많은 긍정·부정적 측면), 또는 C 방식을 선택하실 수(더욱 많은 긍정·부정 측면들) 있습니다. 제가 제시한 세 가지 계획서와 실행 비용과 대략적인 완결 날짜를 살펴보실 때, 어떤 것이 가장 마음에 드십니까?』 지시형들은 통제권을 추구하므로 항상 최종 결정은 스스로 내리도록 해 준다.

(5) 제5단계 : 지시형의 감동 확인

지시형인 사람들은 대개 사업 내에서의 개인적인 관계에 역점을 두지 않으므로 때로는 과거의 판매 경험에 의지하거나 장래의 구매를 보장하지도 않는다.

따라서 지시형들이 당신 제품에 대해 가질 수 있는 불만이나 문제점들을 확인해 낼 수 있는 사후 강화 활동에 충실하도록 한다. 만일 어떠한 불만이나 문제점이 발생하였을 때는 즉각적으로 이것을 해결하도록 한다. 그들은 그렇지 않을 경우 자신의 조급함을 이기지 못해 다른 곳, 다른 회사를 찾는 경우가 발생할 것이다.

지시형인 예상 고객들에게는 당신이 제품과 서비스를 언제고 뒷받침한다는 인상을 주도록 한다. 또한 많은 시간을 들이지 않고도 언제든지 애프터 서비스를 받을 수 있음을 강조한다. 『손님이 이것을 사시면 시간과 노력을 절약하게 될 것입니다. 저는 그것이 효과가 있는지 계속 확인할 것입니다. 또 정기적으로 모든 것이 원활히 작동하는지를 점검해 드리겠습니다. 하지만 불필요한 전화로 손님 시간을 뺏지는 않을 것입니다. 제가 전화했을 때, 모든 것이 이상 없으면 그렇다고만 말씀하십시오. 만일 당신께서 기대하신 것에 못 미칠 때는 언제든지 전화 주시면 그 문제점이 즉시 고쳐질 수 있도록 조처하겠습니다.』 또한 환불 보증 조건을 제공할 수도 있을 것이다. 『손님이 내신 비용만큼 흡족함을 못 느끼신다면 손님의 구입품을 제가 반송받고 그 액수만큼의 수표를 끊어 드리겠습니다.』

<table>
<tr><td align="center">지시형을 다룰 때의 세일즈와 서비스 전략</td></tr>
</table>

- 항상 준비를 갖추고, 체계적이고 빠른 페이스로 요점을 지적하도록 한다.
- 그들과의 회합은 전문적이고 사업 중심적인 태도를 유지한다.
- 그들의 목표와 추구 대상―성취하고 싶어하는 것, 최근 어떤 일에 동기 자극을 받았는가와 그들이 변화시키고 싶어하는 것들―을 학습하고 연구하도록 한다.
- 그들의 목표에 구체적으로 관련된 보상의 제시와 함께 확실히 규정되고 동의를 거친 해결책들을 제시한다.
- 항상 중점 접근적 태도를 보인다.
- 여러 가지 선택권을 제시한 뒤, 가능한 시점에 그들이 결정을 내리도록 한다.
- 그들의 시간을 빼앗지 않을 것임을 알려 준다.

사교형에게 제품 및 서비스를 판매하는 법

사교형 사람들에게는 특히 공감을 표현하는 경청자가 되어야 한다. 당신이 이해했고, 그들이 느끼는 바에 관계하고 있음을 알려 줄 만한 긍정적 피드백을 제공한다. 당신에 대해 이야기할 때는 사고형 문장보다는 감정형 문장들을 활용한다. 이것을 다시 설명한다면, 당신의 감정, 의견, 직관을 통한 세계관을 그들과 공유하라는 것이다. 당신에 대한 이야기를 들려 주도록 하고, 특히 유머가 있거나 특이한 이야기일수록 사교형의 마음을(그리고 판매의 성공을) 붙들 수 있다. 그들의 이야기가 설령 주제에서 벗어나는 내용으로 진행되더라도 끝까지 들어 줌으로써 그들이 편안한 마음을 가질 수 있게 해 주도록 한다.

(1) 제1단계 : 사교형과 접촉하기

이들에게 편지를 쓰거나 약속을 정할 때는, 글과 만남이 경쾌하고 친근한 감정과 빠른 페이스를 보여 주는 것이 되도록 한다. 사교형 사람들을 처음으로 방문할 때는 특히 개방적이고 친근한 접근 방식을 사용하도록 한다.

그들에게 당신이 누구인지를 밝히고 『제가 잠깐 방문해서 손님의 회계 사항을 분석, 정리해 드리고 손님으로 하여금 더욱 뛰어난 일류 판매인이 될 수 있도록 도와드리는 흥미로운 신제품을 보여 드리면 어떻겠습니까?』하는 식의 말을 해 주도록 한다.

사교형 사람들을 만날 때는 마치 선거에 나서는 사람과도 같은 심정으로 생각해야(좀더 정확히 말해서 느껴야) 한다. 악수는 지긋이 나누고, 자신감을 갖고 스스로를 소개하며 그들에 대해 개인적인 호감을 갖고 있음을 보여 주어야 한다.

페이스나 대화의 방향은 그들로 하여금 설정하도록 한다. 관계 개선과 정보 수집을 위해 필요하다면 가급적 사교형 사람을 많이 만나도록 한다. 첫 방문 후에는 아침이나 점심 식사 시간을 이용하여 만나도록 한다. 그것은 그 쪽이 저녁 식사 시간보다 시간에 제한을 두기에 편하기 때문이다.

(2) 제2단계 : 사교형의 요구 탐측

사교형들은 자기가 말하지 않는 시간에는 곧잘 지루해 한다. 따라서 당신의 정보 수집 구조도 그들을 중심으로 이루어져야 한다. 하지만 기억해 둘 것은 그들의 이야기를 듣는 시간과 당신이 효과적인 세일즈맨이 되기 위해 필요한 정보를 수집하는 시간은 적절한 균형을 이루어야 한다는 점이다.

사업에 관련된 질문은 가급적 짧게 한다. 가능하다면 탐색적인 질문이라도 사교적 방식으로 하도록 한다. 『손님은 인적 자원이야말로 성공을 거두기 위한 핵심적 요소라고 지적하셨는데, 같이 일할 사람들을 찾아 낼(선발할) 때는 어떤 식으로 하시지요? 그들에게 제공하는 트레이닝은 어떤 종류입니까?』 사교형들은 관계가 발전할수록 현재 과업에 대한 협조나 대화를 기꺼이 나눌 준비가 되어 있을 것이다.

사교형 사람들이 더욱 개방성을 보일 때는 자기의 희망 사항이나 열망을 곧잘 털어놓는다. 당신의 제품이나 서비스가 그들의 꿈을 성취할 수 있게 해 준다는 것을 보여 줄 수만 있다면, 그들은 금방 그것에——또한 당신에 대해——흥미를 갖게 될 것이고, 곧바로 당신에게 경도될 것이다.

(3) 제3단계 : 사교형을 위한 해결책 제시

사교형에게 스타일은 내용만큼이나 중요하다. 따라서 고기만이 아니라 고기 굽는 광경까지도 팔 수 있어야 한다. 당신의 제품 소개는 그들의 위신과 이미지와 인식을 어떻게 증대시켜 줄 수 있는지를 보여 주는 것이어야 한다. 당신이 제시하는 것이 그들의 업무 관계를 보다 유쾌하게 만드는 데 끼칠 수 있는 바람직한 효과나 결과를 설명하도록 한다.

이 유형의 사람들에게 제품 소개는 인상적이어야 한다. 따라서 가급적 그들의 모든 감각을 동원시키도록 한다. 사교형들은 제품 소개와 실제 제품 모두가 훌륭하게 보이기를 원한다. 당신이 어떤 식으로 그들의 노력을 절약시켜 줄 것이고, 이와 아울러 얼마나 그들을 훌륭하게 보이도록 만들 수 있는지를 제시하도록 한다. 그리고 당신의 주장을 잘 알려진 유명인사나 유수 기업체에서 받은 보증서로 뒷받침하도록 한다.

사교형들은 다른 사람들이 당신의 제품에 나타냈던 긍정적 경험을 들으면 좋은 반응을 보이므로 어떤 사람들이 그것을 사용하고 있는지 이야기해 준다. 그가 영웅시하는 사람 중 하나가 사용한다면 그도 똑같이 사용할 것이다.

더욱 바람직한 것은 사교형 사람들이 알고 있거나 좋아하는 가까운 사람들 중 만족을 표시한 몇몇을 예로 드는 것이다. 그런 경우 그들은 『그만해도 됐습니다. 더 들을 것도 없군요. 만족스럽습니다. 팻멀린 씨가 좋다고 했다면 저한테도 좋은 것이지요. 그 양반이라면 아마도 몇 주 동안 제품을 연구하고, 비교하고, 대조하는 데 보냈을 겁니다. 그는 당신 직원으로 활용해도 좋은 사람일 겁니다』와 같은 반응을 보인다.

(4) 제4단계 : 사교형의 약속 획득

　질문은 개방적인 태도로 한다. 『이제 어떻게 할까요?』또는『다음 단계는 어디로 진행할까요?』만일 충분한 재고품이 없을 때는 이렇게 말한다. 『이 제품에 매우 흥미를 느끼시는 것 같군요. 제가 지금 갖고 있는 게 딱 3개인데, 당장 꼭 필요하십니까?』사교형들은 매우 즉흥적이기에「모든 사람이 그러한」집단 편승식 접근 방식에 곧잘 따라가는 반응을 보인다.

　다른 모든 조건이 동일하다고 한다면 이들은 자기가 좋아할 때 즉시 그 제품을 구입한다. 때로는 과도한 구매를 말려야 할 경우까지도 벌어진다. 그렇게 했다가는 당사자가 후회하는 결과가 빚어질 수도 있기 때문이다. 제품 구입의 언질을 받았을 때는 단순한 악수로도 충분하겠지만, 가급적 글로 된 계약서를 받아 두도록 한다. 당신이나 그가 똑같은 말을 들었다 하더라도 사교형들은 대개 자기에게 유리한 쪽으로 해석하는 경우가 많기 때문이다. 따라서 미리 요약서를 만들어 함께 검토하는 것도 좋은 방법이다. 구체적 사안들에 대해서는 확실한 동의를 얻어 내도록 한다. 그렇지 않은 경우, 나중에 반드시 일정 수준의 오해나 실망이 발생할 것이다.

　또한 변화가 요구되는 세부사항들이라면 언제든지 바꿔야만 업무가 빠르고 손쉽게 이루어질 것이다. 마지막으로 이러한 동의 사항들은 적어 두고 그 복사본을 손수 전달하도록 한다. 이러한 과정을 거쳐야 비로소 당신은 장기적이고 생산적인 사업 관계를 위한 좋은 기회들을 확보하게 될 것이다.

(5) 제5단계 : 사교형의 감동 확인

　사업에서 사교형들은 종종 설득당하지 않고도 구매를 한다. 사교형이 너무 성급한 결론에 도달했을 때, 그들이 겪는 충동 구매의 후회감은 다른 어떤 유형의 사람들보다도 강력하다. 그들은 새로운 사실에도 너무 빨리 싫증을 내므로 올바른 구매 결정을 하도록 하려면 꾸준히 기억을 상기시켜 줄 메모들이 필요하다. 판매 후라 할지라도 그들에게 풍부한 서비스와 도움을 제공하여 자신의 결정을 강화할 수 있도록 해야 한다. 그리고 그들이 실제적으로 당신 제품을 사용하는지 확인하도록 한다. 이 유형의 사람들은 부정확한 사용으로 인해 스트레스를 받으면 구석에 처박아 두고 다시는 사용하지 않거나 즉각 환불을 요구해 온다.

또 그러한 별도의 노력에 대한 보너스이기라도 한 것처럼, 그들은 머릿속에 떠오른 이야기를 부풀려 말하거나 깎아서 말하기도 한다는 사실을 명심해야 한다. 그들은 많은 사람들과 어울리므로 필요하다

면 당신의 제품 및 서비스에 관한 사용 평가를 다른 사람들에게도 전
해 줄 수 있겠느냐는 요청을 하는 것도 괜찮을 것이다.

관계형에게 제품 및 서비스를 판매하는 법

관계형들은 안정성의 유지를 원한다. 따라서 그들은 세부 사항과
논리적 행동 과정을 바라는 자신의 요구를 충족시킬 수 있는 단계별
절차 여부를 알고 싶어할 것이다. 제품 소개는 가급적 조직화——
구체적 사항의 열거, 순서에 따른 결과 제시, 자료의 제공—— 한
다. 가능하다면 제안 사항과 자료들에 대한 아웃라인도 제시한다. 사
실을 알고 싶어하는 그들의 욕구를 만족시키되, 「방법적」 국면에서
는 그들에게 의견을 요청함으로써 그들의 느낌과 감정이 추출될 수
있도록 한다.

관계형들에게는 끈기 있게 경청해 주고, 그들에게 인간적인 관심
을 갖고 있음을 표명해 주는 것이 중요하다. 그리고 때로는 그들의
꾸준함, 신뢰성, 협조적 팀워크에 대해서 인정을 표시해 준다.

관계형들한테는 개인적인 친분을 쌓는 노력이 필요하다. 위협적이
지 않고 유쾌하며 친근하면서도 전문성을 잃지 않도록 한다. 또한 허
물 없이 대하고 상대적으로 느린 페이스를 지키며 신의와 신뢰감, 우
정을 발전시키도록 한다. 그리고 그들과의 의사 소통은 꾸준하고도
규칙적이 되도록 한다.

(1) 제1단계 : 관계형과 접촉하기

관계형들과의 접촉은 부드럽고 유쾌하며 구체적일수록 좋다. 일에
관한 언급 못지않게 언제든지 인간이란 요소도 포함시켜야 한다. 당

신을 소개시켜 준 고객들의 이름을 나열하는 것도 좋다. 분명히 기억해야만 한다. 관계형 사람들은 제품이나 서비스가 아무리 훌륭하더라도 당신을 싫어한다면 자기가 좋아하는 세일즈맨의 제품 다음 등급으로, 때로는 한참 밑으로 당신이 추천하는 제품의 평가 가치를 떨어뜨린다는 점을.

(2) 제2단계 : 관계형의 요구 탐측

관계형들은 뛰어난 상담자들이다. 따라서 따뜻하고 허물 없는 말투를 유지하고, 온화하고 개방적인 질문들을 제시하되, 특히 감성적인 요소의 언저리로 그를 끌어들이도록 해야 한다. 그들의 요구에 대한 탐측에는 전략과 성실성이 필요하다.

그들은 당신이 추천한 제품이나 당신 회사, 심지어 당신에 대해 별로 좋은 느낌을 갖고 있지 않더라도 이것을 노골적으로 드러내서 당신의 기분을 상하게 하는 일은 없을 것이다. 그들은 아주 사소한 분쟁이라도 피하려고 하기 때문에 자기가 진짜 생각하는 것보다는 당신이 듣고 싶어하는 말을 들려 줄 것이다. 이러한 과묵성은 당신 회사의 경쟁 기업에 대한 불만족을 표할 때도 똑같이 적용된다. 당신이 아무리 그 이야기를 듣고 싶어해도 관계형 사람들은 여간해서는 부정적인 말을 하지 않는다.

(3) 제3단계 : 관계형을 위한 해결책 제시

당신의 제품이나 서비스가 어떤 식으로 그들의 업무 절차나 인간관계를 안정화, 단순화하고 지원해 줄 수 있는지 보여 주도록 한다. 당신의 제안에는 상대방의 역할이나 목표도 분명히 규정하여 계획 속에 그들에 대한 구체적인 기대치가 포함되도록 한다. 그들의 기존 방식에 새로운 아이디어나 변수를 도입시킬 때는 위협적이지 않은 방법을 사용하도록 한다. 그리고는 운영 절차나 인간 관계의 변화에 적응할 수 있는 시간과 기회를 충분히 제공하도록 한다. 변화가 필요한 시점에서는 왜 그러한가를 설명한다. 또한 변화 기간이 얼마나 걸릴지와 기존 조건에 일시적인 수정을 가해야 할지 여부를 설명하도록 한다. 의사 전달에는 안정, 안전, 조화, 꾸준성, 확실한 혜택의 느낌이 부여될 수 있도록 구성한다. 당신이 할 수 있는 것 외에도 어떻게, 무엇을 할 수 있는지에 대한 그들의 관심에 답하도록 한다. 그들이 원하는 정보가 있으면 조사한 뒤에 알려 주겠다고 확인시키고 그 약속을 지키도록 한다. 마지막으로 당신이 시도하는 것은 커다란 변화가 아니라 그들이 그 동안 잘 해 왔던 일을 좀 더 잘 하도록 도와 주려는 것임을 강조해 준다.

(4) 제4단계 : 관계형의 약속 획득

관계형들은 느리고도 연역적 방식을 쓰는 의사 결정자들이다. 그들은 결심을 하기에 앞서서 다른 사람들의 의견을 듣는다. 따라서 명확한 행동 계획서가 필요하다. 가장 안전하고도 논리적인 코스의 추구에 필요한 개인적인 안내, 지시, 또는 보장을 제공해 주도록 한다. 동의에 이르렀을 때는 혹 있을 수 있는 오해나 불만족스러운 분야들을 탐측하도록 한다. 관계형들은 새로운 행동을 취할 때는 항상 그 일이 가급적 위험이 작은 것이기를 원한다. 따라서 지원을 확약해 주어야 한다.

결코 그들을 재촉해서는 안 된다. 그들로 하여금 결정을 내리게 할 때는 부드럽고도 친절한 자극으로 충분하다. 그렇게 하지 않는다면 그들은 결정을 뒤로 미룰 것이다. 계획들을 의인화(擬人化)하고

- 그들과 개인적인 친분을 쌓는다.
- 위협적이지 않고, 유쾌하고 친근하면서도 전문적인 방식으로 접근한다.
- 신뢰, 우정, 신의를 서서히 발전시켜 나가도록 한다.
- 그들의 과업 및 사업적인 기대치 외에 그들 자신의 감정적인 욕구를 확인해 줄 것을 부탁한다
- 인간적 요소에 집중하여서 그들의 관심을 끌도록 한다. 다시 말해서 어떤 일이 그들과 그들이 유지하는 인간 관계에 어떤 식으로 영향을 미치는지를 조사한다
- 재촉을 피하고, 적절한 시점에 개인적이고도 든든한 보장을 제공하도록 한다.
- 규칙성을 갖고 일관적인 방식으로 그들과의 의사 소통이 이루어질 수 있도록 한다

그것이 그들과 동료들에게 어떻게 영향을 미치는지를 보여 주는 것으로써 참여시키도록 한다. 일단 어떤 행동이 가장 그들의 흥미를 끄는지 간파했다면, 강력한 추천을 통해 확약에까지 이르도록 유도한다. 일단 동의를 얻은 뒤에는 다음 단계로 무리 없이 진행할 수 있을 것이다.

(5) 제5단계 : 관계형의 감동 확인

일관성 있고 예측 가능한 사후 활동을 실천하도록 한다. 언제든지 연락 가능한 상태에 있을 것과 제품의 원활한 작동을 지켜볼 것을 약속하고, 필요할 때마다 만날 수 있음을 보장해 준다. 관계형들은 당신과 특별한 관계를 맺고 있다고 생각하고 싶어하며, 당신이 단순한

업무상으로 아는 사람 이상일 것을 원한다. 관계형들은 그 어느 유형들보다도 특히 꾸준하고도 예측 가능한 인간 관계를 중시한다. 비인간적이고 컴퓨터화된 사후 강화 활동으로는 이들의 마음을 끌어들이지 못한다. 따라서 소박한 관심과 협조 제공을 통해 비즈니스 관계를 지속적으로 강화하도록 한다.

사색형에게 제품 및 서비스를 판매하는 법

사색형 사람들은 자신의 업무를 다른 모든 일에서와 마찬가지로 정확한 방식에 의거, 처리하기를 원하는 효율성의 전문가들이다. 그들은 자신이 옳다는 확답을 추구하지만 남들에게 그것을 묻지는 않는다.

사색형의 업무 처리는 모든 사항을 점검할 시간을 갖기 위해 상당히 느린 페이스를 보인다. 그들은 서두르거나 재촉받는 것을 싫어한다. 사색형은 느낌형 언어보다 사고형 언어를 기본으로 한 단계에서 움직이기 때문에, 신뢰성을 구축하려면 감정이 아닌 머리로 생각하는 방법을 사용하여야 한다. 또한 당신의 제안에 관해서는 그 내용과 이유에 대해서 그들이 얼마만큼의 이해하고 있는지 주목하도록 한다.

(1) 제1단계 : 사색형과 접촉하기

이들과의 미팅은 사전에 당신이 담당할 수 있는 범위를 간략하게 밝힘으로써 그들이 기대해도 좋은 것이 무엇인지를 알려 주도록 한다. 이 사전 확인 작업은 약속을 정하는 시점에서 하는 것이 적당하다. 사색형들에게는 당신의 우수성, 경력, 가치 등이 정확히 기록되어 있는 자료 등을 통한 논리적인 증거 제시가 필요하다. 문서나 실체적인 견본으로서 당신의 신뢰성을 증명할 수만 있다면, 그 뒤부터 제품과 서비스에 대한 신임을 얻는 것은 시간 문제이다. 말은 가급적 천천히 하고, 단어를 경제적으로 사용하도록 한다. 또 그들과 접촉하려는 이유도 설명하도록 한다. 이 유형의 사람들은 사교적 교류(예절을 차리거나 의례성을 벗어난)에는 관심을 갖지 않으므로 항상 요점 중심적이 되도록 한다. 처음에 신뢰성 구축을 위해 필요한 경우를 제외하고는 곁말이나 본인 신상에 대한 이야기들은 피하도록 한다. 사색형 사람들은 어느 정도는 겸허한 태도를 갖고 있으므로 스스로를 부풀려 말하는 사람들을 본능적으로 의심한다.

(2) 제2단계 : 사색형의 요구 탐측

사색형들은 자신의 전문성을 보여 줄 수 있는 질문에 답하기를 좋아하므로 상담 대상자로 훌륭하다고 할 수 있다. 논리적이고 사실 지향적이며 적절한 질문 수준을 유지할 수만 있다면 그들은 당신과의 대화를 즐거워 할 것이다. 그들의 지식, 시스템, 목표, 반대 의견들을 추적할 수 있는 개방형 및 폐쇄형 질문들을 적절히 제시하도록 한다. 또한 그들로 하여금 자신이 얼마나 많이 알고 있는지 밝히는 기회를 제공해 준다.

답변은 짧고 간결하게 한다. 만일 대답할 수 없는 것이 있을 때는 결코 감추지 말아야 한다. 단지 일정 기간 내에 정답을 알려 주겠다고 약속하고 그 약속을 지키도록 한다.

(3) 제3단계 : 사색형을 위한 해결책 제시

논리성, 정확성, 가치, 품질, 신용성을 강조한다. 분명한 불이익이 있을 때는 그것도 제시한다. 요점을 이야기한 뒤, 더 많은 정보를 원하는지에 관해 묻도록 한다. 사색형 사람들은 뒷받침되는 증거나 행동이 없는 이야기는 싫어한다.

당신이 추구하려는 과정을 묘사하고, 그 과정이 상대가 바라는 결과를 어떻게 가져다 주는가의 윤곽을 밝히면서 구체적인 피드백을 추출해 내도록 한다. 이 유형의 사람들은 결점을 찾아 내려는 성향이 있으므로, 분명히 부정적 측면이 있을 때는 그들이 발견하기에 앞서 당신이 먼저 지적해 주어야 한다. 그런 정직성은 오히려 당신에 대한 신뢰성을 강화시켜 준다. 당신이 직접 결점에 대한 주의 환기를 하지 않는다면 은닉하는 행위로 받아들일 것이다. 그 대신 경쟁사의 제품 및 서비스와 비교해서 현실적인 선택을 할 때 발생하는 상대적인 비용과 그에 대한 혜택 및 특징적 대가 등을 그들로 하여금 평가할 수 있게 해 주도록 한다.

(4) 제4단계 : 사색형의 약속 획득

논리적인 옵션물들을 문서화된 증거물과 함께 제공한다. 그리고 충분한 시간과 자료를 주어서 자신의 선택권을 분석할 수 있게 한다. 이 유형의 사람들은 지시형과 사교형 사람들과는 달리 즉각적인 의사 결정에 불편함을 느낀다. 따라서 그들이 좀더 생각해 보겠다고 했을 때는 진심으로 받아들이는 것이 좋다.

사색형 사람들이 이미 해당 분야에 대한 연구를 마친 뒤 당신 제품이 최고임을 알게 된 경우가 아니라면 아마도 경쟁사들에게도 방문을 요청할 것이다. 따라서 경쟁사들에 대해서 미리 조사를 한 뒤, 그들이 제공할 내용에 대응하는 당신 제품의 이점을 제시할 수 있어야 한다. 그들은 비교를 통한 구매를 선호하므로, 혹시 경쟁사에게

- 준비할 것. 그들의 수많은 질문에 가급적 최대한도로 답할 수 있어야만 한다.
- 첫인사는 정중하게 하되, 빨리 업무 쪽으로 진행한다. 개인적이거나 사교적인 대화는 삼가한다.
- 분명한 방향성을 보이고, 일 처리 과정의 전반적인 계획에 들어맞는 질문들을 한다.
- 어떤 것을 적용시킬 때는 왜 그렇고 어떻게 그러한지를 문서로 밝힐 수 있어야 한다.
- 생각할 시간을 주되 성급한 결정을 재촉하지 않는다.
- 긍정적 측면과 부정적 측면을 함께 이야기하고 모든 관련 사항을 밝혀 준다.
- 약속한 것은 잘 지키고 이행하도록 한다.

물어 보았을지도 모르는 질문들을 미리 제시해 주면서 당신 회사의 강점들을 언급해야 한다. 이를 간단히 말하면 경쟁사와 대등한 점을, 또는 그들보다 더 우수함을 지적할 수 있어야 한다는 뜻이다. 이것 역시 사색형 사람들이 선택권에 대한 비용의 분석을 비교할 수 있도록 사실 중심적이고 전문적인 방식으로 해야 한다.

(5) 제5단계 : 사색형의 감동 확인

성공의 시점을 측정할 수 있는 구체적인 일정을 설정해 둔다. 당신의 신뢰성, 품질, 가치 등에 대한 입증을 지속하도록 하고 또한 고객 감동에 대한 사후 확인 작업도 준비하도록 한다.

총 정 리

짚고 넘어갑시다!

여러분은 이 책을 처음 펼친 뒤 여기에 이르기까지 정말 오랜 길을 지나왔다. 이제 여러분은 타인에 대해, 그리고 여러분을 보는 타인의 관점에 관해 많은 내용을 알게 되었다. 여러분은 가장 까다로운 사람들까지 포함한 모든 유형의 사람들을 다루는 법에 대한 특수한 전략들을 배웠다. 여러분은 독선적이거나 고집불통인 사람들을 다루는 방법도 배웠다. 전화 또는 편지를 통해 상대의 행동유형을 파악한 뒤 각 유형의 사람들과 만나거나 모임을 가질 때의 준비 방법도 배웠다.

이 전략들은 다양한 방식으로—— 좋은 관계를 통해 사업을 유리하게 이끄는—— 여러분에게 도움을 줄 것이다. 이것들은 또한 당신이 이따금씩 마주치는 불쾌하지만 불가피한 갈등들도 처리할 수 있도록 도와 줄 것이다. 여러분은 다른 사람들에게서 보이는 곤혹스러운 행동들을 줄여 나가고, 마찬가지로 여러분한테서도 드러날 수 있는 동일한 행동들을 인지하고 극소화해 나갈 수 있게 될 것이다.

이 책을 읽은 후 당신이 밖에 나가서 이 새로운 관계 맺기 전략들을 실천할 준비를 하게 되었다면, 저자들로서는 더할 나위 없이 기쁠 것이다. 이 전략은 두려움보다는 목표에 집중하는 법을 배우게 함으로써 여러분이 보다 향상된 모습을 보이도록 만들 것이고, 성숙하고도 생산적으로 행동할 수 있게 만들 것이다. 그래서 각자 고유의 강점들을 보다 많이 계발하고 활용할 수 있게 할 것이고, 동시에 약점들을 인식, 개선 및 수정할 수 있게 할 것이다. 물론 그 과정이 쉽지만은 않아서 다른 사람들과의 커뮤니케이션에서 큰 성공을 거두기까지는 많은 연습과 다소의 실수도 따를 것이다.

여러분은 처음 자동차 운전에 도전하던 때를 기억하는가? 운전을 배우기 전까지의 여러분은 이른바 「무의식적인 무능함」을 갖고 있었다. 다시 말해 차를 운전하는 방법도 모르지만, 자신이 운전하는 법을 모르고 있다는 사실조차 알지 못했다.

여러분은 실제 운전을 처음으로 배우기 시작하면서 「의식적인 무능함」을 지니게 된다. 즉, 여전히 운전 방법은 모르지만 자동차와 그 부속품들에 대한 새로운 인식으로 인해 왜 운전할 수 없는지를 의식적으로 깨닫게 된 것이다. 이 단계에서 여러분은 운전을 하기 위해서는 어떠한 능력을 습득해야 하는지에 대한 인식을 갖게 된다.

여러분은 약간의 연습과 지도를 거친 뒤, 운전 능력을 갖추게 된다. 하지만 신체와 마찬가지로 자동차의 기계공학적 측면에 대해 자신이 무슨 일을 하는지 의식적으로 깨닫고 있어야만 했을 것이다. 차를 돌릴 때는 깜박이등을 켜야 한다는 사실은 의식적으로 알고 있었을 것이다. 수시로 백미러에 비치는 뒤쪽의 교통 상황을 감시해야 한다는 것도 기억했을 것이다. 또는 양손을 언제나 핸들 위에 놓아야 한다는 것과 중앙 분리선에 비교했을 때의 상대적인 위치도 감시했을 것이다. 여러분은 「의식적인 유능함」을 갖는 운전자가 되어감에 따라 이 모든 사실들을 의식적으로 지각하고 있는 것이다.

자신이 최근에 운전했을 때를 기억해 보자. 우리가 방금 논의한 모든 사항들을 인식하고 있었는가? 물론 아닐 것이다. 우리들 대부분은 얼마간의 운전 기간을 거친 뒤에는 「무의식적인 유능함」의 단계로 진보해 간다. 바로 우리가 무엇을 잘 하고 있으면서도 그것에 대해 생각해야 할 필요성을 느끼지 않는 단계이다. 그것은 자연스럽게 이루어진다. 습관인 것이다.

앞선 실례들은 다른 사람들과의 효과적인 관계 수립에도 적용된다. 이 능력을 습득하는 과정들을 거치는 가운데 여러분은 가장 높은 단계——무의식적인 유능성 단계까지 이를 필요가 있다. 그 정점은 자연스럽고도 효과적인 커뮤니케이션이 출발하는 곳이다. 하지만 무의식적 유능성의 단계에까지 이르려면 연습, 연습, 또다시 연습이라는 고귀한 대가를 치러야 한다.

여러분이 운전을 배울 때도 물론 연습을 통해 능력을 습득했다. 마찬가지로 여러분들 중 몇몇은 중요한 행동 변화를 겪어야만 다른 사람들과의 효과적인 관계 수립이 가능하다. 인내를 갖고 연습을 거치는 가운데 무의식적인 유능함의 단계에 접근할 것이고, 그 때부터 여러분의 대인 관계 기술은 전 단계로부터 새롭고도 높은 기반 위로 뛰어오를 것이다.

여러분이 다른 사람들과의 효과적인 관계 수립이라는 도전을 받아들이기로 결심했다면, 그에 따른 성과는 그 노력을 보상하고도 남을 것이다. 주변에 학습해야 할 것이 너무나 많은 관계로 여러분은 어디에서부터 출발해야 하는지조차 혼동스러울 것이다.

제10장 총정리

227

우리로서는 여러분들이 다른 일을 하기 전인 바로 이 순간부터 출발할 것을 권한다. 우선은 내년 한 해 동안 완성해야 할 목표부터 생각해 보자. 그리고 다음 달에, 다음 주에, 그리고 최종적으로 오늘이 지나기 전에 완결할 것을 생각해 보자! 이 책의 원리들을 활용하여 그러한 목표를 성취할 수 있는 계획을 세워 보자.

도전을 받아들여라

첫 단계에는 이러한 도전에 마주친 여러분 개인에게 열의와 이 책의 원리들에 대한 신뢰가 필요하다. 이 책의 원리들이 성공을 가져온 바는 이미 증명된 바 있으므로, 여러분들로서는 동일한 효력 발휘를 위해 실행에 옮기기만 하면 된다. 물론 기술 습득에는 연습이 필요하고, 또 한꺼번에 이들 모두를 실행하기에는 현실적인 어려움이 따를 것이다.

하지만 다른 사람들을 그들이 원하는 방식으로 대접해 주는 순간부터 여러분은 이미 진보적 결과를 얻기 위한 길로 들어선 것이다. 우리는 여러분이 인간 관계의 능력을 강화시킬 수 있는 이 기회를 적극적으로 받아들일 것을 권유한다.

계획을 세워라

여러분이 도전을 받아들이기로 했다면, 이 기법들을 실생활에 통합시킬 수 있는 계획을 세울 필요가 있다. 우리는 아주 간단하고도 효과적이지만 약간의 연습이 필요한 행동유형 도출 방식을 여러분에게 가르쳐 준 바 있다.

다음 두 질문을 적극적으로 활용하도록 한다.

- 이 사람은 직접적인가? 간접적인가?
- 이 사람은 자제적인가? 아니면 개방적인가?

기초적 행동유형의 도출 방법은 우선 여러분 가족, 친구 또는 동료들을 통해 연습해 볼 수 있다. 필요시에는 이 기법을 함께 사용하기를 원하는 파트너를 만날 수도 있다. 그와 함께 유형에 대해 토의하고 이 실생활적 기술에 대한 신념과 숙련성을 구축하도록 한다.

타인들의 행동유형을 도출하는 방식에 익숙해졌다면, 이제는 여러분 자신의 유형에 보다 적응력을 갖추는 것에 신경써야 할 것이다. 관계 개선이 필요한 어떤 사람을 생각해 보도록 하자. 그와의 갈등은 무엇인가? 페이스인가 우선권인가? 그와의 갈등을 줄여서 그를 「안심 지역」으로 인도하려면 어떻게 하는 것이 좋을까? 그 다음 그 동료에게 사용할 수 있는 적응력 개선의 행동 전략을 개발하도록 한다. 그리고 그렇게 한 후에 그 사람과의 관계가 개선되었음을 알 수 있는 방법은 무엇일까?

필요하다면 이 책에 나온 지시형, 사교형, 관계형, 사색형의 각 항목들을 다시 보도록 한다. 이를 통해 상대가 여러분과의 교류에서 직접적 또는 간접적 접근 방식 중 어떤 것을 요구하는지와 자제성을 원하는지 개방적이기를 원하는지도 알 수 있을 것이다.

하지만 기억할 것은 이러한 기법에 신비스러운 점은 없다는 사실이다. 여러분은 그저 상대가 원하는 대로 대우해 주기만 하면 된다. 상대방의 우선 순위(과업과 상호 관계 어느 것이 우선인가)가 의심스러울 때는 이런 식으로 질문해 보도록 한다. 『손님의 시간을 뺏고 싶지는 않지만, 손님과 손님의 요구를 보다 잘 알기 위해서 잠시 질문을 하겠습니다. 손님은 이제 교류해야 할 사람들을 보다 잘 알기 위해서 잠시 시간을 갖기를 원하십니까? 그렇지 않다면 바로 과업을 착수하기를 원하십니까?』물론 여러분이 상대의 신체 언어들을 잘 지켜보고, 분위기를 관찰하고, 그의 말을 경청했다면 이러한 질문을 할 필요도 없을 것이다. 하지만 의심스럽다면 묻는다.

계획을 세울 때는 SMART 목표——구체성(Specific), 측정 가능성(Measurable), 성취 가능성(Achievable), 현실성(Realistic), 추적 가능성(Trackable)——가 포함되도록 한다. 이 기법들이 목표 성취를 도와 주는 것을 목격하는 순간부터, 여러분들은 자신의 능력을 계발하고 그것을 지속적으로 사용할 수 있는 자연스러운 동기가 발현될 것이다. 우리의 접근 방식을 직무 유형에 통합시켜 나가면 처음에는 어색할 수도 있을 것이다. 왜냐하면 이 방식은 그 동안 여러분이 타인들과 접촉해 온 방식과는 많이 다르기 때문이다. 그러나 연습을 반복하는 가운데 곧 옛 방식보다 새로운 방식이 편안하게 느껴질 것이다. 오래지 않아 여러분은 우리의 방식을 자연스럽게 받아들이고, 그간 사용해 왔던 교류 방식은 곧 잊어버리게 될 것이다.

올바르게 사용된다면, 이 행동 유형의 기술은 타인들과의 교류와 신의와 협조를 바탕으로 한 개방적이고도 정직한 분위기 내에서 문제 해결이 가능하도록 해 줄 것이다. 또한 타인들로부터 많은 지원도 얻을 수 있을 것이다. 이에 따라 새롭고도 성공적인 관계 수립 전략을 통해 증가된 자부심도 느낄 수 있을 것이다.

더 이상 늦추지 말자. 이 기술들을 즉시 실천에 옮기도록 하자. 모든 경로들은 이미 계획되어 있다. 이곳에서 출발해서 어디까지 도달할 수 있을지는 이 기술을 적용하려는 여러분의 단호함과 끈기에 의해 결정될 것이다.

■ 역자 약력

김양호(한국언어문화원 원장)
• 동국대 경영대학원 졸업(경영학 석사)
• 중국 랴오닝대학 명예철학박사
• 한양대 · 중앙대 · 성균관대 강사
• 중국 랴오닝대학 명예교수
• 한국국어교육학회 이사, 한국산업교육연합회 회장
• 계간 「산업교육 2000」 발행인
• 저서
「스피치대백과사전」「대화의 심리작전」「자기의 계발작전」
「화술과 인간관계(전4권)」「설득은 이렇게 하라」「강사의 화법」 등 다수

황태호(한국조직발전연구소 소장)
• 연세대 교육대학원 졸업(산업교육학 석사)
• 연세대 강사, 일본 Pegasus Mgmt School 객원교수, 미국 Sigma Consulting
  Group 컨설턴트
• 통상산업부 경영지도사(인사 · 조직)
• 한국경제사회연구소 연구위원
• 한국산업교육연합회 이사
• 저 · 역서
「HRD학습전문가」「TQM과 경영혁명」「휴먼터치 리더」
「프레젠테이션 그래픽스」「웨스트 포인트 리더십」「감성지능EᵢQ」 등 다수

•

피플 스마트

•

지은이 / 토니 알레산드라 · 마이클 오코너
옮긴이 / 김양호 · 황태호
펴낸이 / 박용정
펴낸곳 / 한국경제신문사
등록 / 제2−315(1967. 5. 15)
제1판 1쇄 인쇄 / 1996년 8월 20일
제1판 1쇄 발행 / 1996년 8월 25일
주소 / 서울특별시 중구 중림동 441
대표전화 / 360−4114
직통 / 313−8293 · 312−0063
FAX / 360−4552

•

＊ 파본이나 잘못된 책은 바꿔 드립니다.
ISBN 89−475−2179−5

•

값 6,000원

韓經 베스트 셀러

경영혁명

톰 피터스 著
盧富鎬 譯
〈신국판 / 820면 / 13,000원〉

정보화사회는 불확실성이 심화된 사회로 기업경영의 경기규칙과 새로운 경영스타일 등 생존을 위한 변화는 가히 혁명적이라 할 수 있다. 이 책은 전통적 사고에 도전하고 조직이 사람을 위해 존재할 수 있도록 변화를 유도하는 45가지 경영 실천전략을 제시한 기업경영자의 「비즈니스 핸드북」

해방경영

톰 피터스 著
盧富鎬 外 共譯
〈양장 / 1,300면 / 19,000원〉

2000년대의 경영思潮는 무엇이며, 이를 주도할 기업의 생존철학은 무엇인가? 이 책은 장장 1300여 페이지에 걸쳐 좋은 기업을 만들기 위한 조직의 창조적 파괴와 일반통념으로부터의 해방을 핵심테마로 다루고 있다. 자유분방한 필치와 수많은 은유, 패러독스가 곳곳에 번득여 방대한 분량임에도 불구하고 읽는 동안 재미와 해방감·지적 충족감을 더할 수 있다는 것이 이 책의 또 하나의 매력으로 꼽힌다.

경영파괴

톰 피터스 著
安重鎬 譯
〈양장 / 374면 / 8,500원〉

이제 리스트럭처링·리엔지니어링으로는 급변하는 시대를 이길 수 없다. 기업의 조직은 상상을 초월하는 혁신적인 네트워크형이 되어야 한다. 이 책은 세계적 경영컨설턴트인 저자가 새롭고 번뜩이는 아이디어로, 기업을 운영하는 사람들이 재창조와 혁명을 향해 전진할 수 있도록 9개의 「넘어서」를 중심으로 구체적인 혁신방안을 제시한다. 변하지 않는 기업이나 조직은 망한다는 것이 저자의 한결같은 주장이다.

강대국의 흥망

폴 케네디 著
李日洙·全南錫·黃建　共譯
〈양장 / 720면 / 13,000원〉

역사학자이자 미국 예일대 교수인 저자는 이 책에서 지난 5세기 동안에 전개되었던 강대국들의 흥망성쇠는 그들의 경제력과 군사력의 변화 추이에 의해서 좌우되어 왔다고 진단하면서 앞으로 다가오는 21세기에는 미국·소련·서유럽 등의 쇠퇴와 중국·일본 등 아시아 강국들의 부상을 예언하고 있다.

21세기 준비

폴 케네디 著
邊道殷·李日洙　譯
〈양장 / 500면 / 9,000원〉

우리에게 충격을 던졌던 「강대국의 흥망」 저자 폴 케네디 교수가 다가올 21세기 문명세계의 각종 위기를 명쾌히 분석·정리한 力著. 이 책은 향후 30년 사이 우리에게 닥칠 도전들과 그 대응방법 그리고 인구폭발, 환경오염, 생물공학, 로봇, 통신수단, 가공할 파워의 양태 등을 특유의 통찰력으로 분석·예견하고 있다.

메가트렌드 2000

J. 나이스비트 외　共著
金弘基　譯
〈신국판 / 366면 / 8,000원〉

90년대는 정치개혁과 경이적인 기술혁신 등으로 지금까지와 전혀 다른 변화양상을 인류에게 줄 것이다. 이 책은 90년대의 변화로 경제호전, 예술의 번영, 시장사회주의의 출현, 복지국가의 쇠퇴 등 과거 어둡고 비관적인 세기말적 변화보다는 밝고 새로운 흐름을 부각시키고 있다.

메가트렌드 아시아

존 나이스비트 著
홍수원 譯
〈양장 / 402면 / 9,500원〉

미래예측가로 세계적 명성을 떨치고 있는 나이스비트는 21세기에는 아시아가 미국주도의 상품과 소비시장에 가장 중요한 경쟁자로 떠오를 것으로 내다보고 현재 역동적으로 변화하는 아시아의 모습을 8가지 트렌드로 분석했다. 특히 아시아와 세계라는 맥락 속에서 한국에 나타나고 있는 폭넓은 변화들을 살펴보고 한국이 아시아에 기여할 수 있는 방안도 짚고 있다.

20세기를 움직인 思想家들

기 소르망 著
姜偉錫 譯
〈신국판 / 426면 / 8,000원〉

20세기 사상계에 결정적인 영향을 끼친 사람들은 과연 누구인가? 프랑스의 저명한 경제학자이자 사회학자인 기 소르망이 29명의 생존해 있는 현대 최고의 사상가들과 직접 인터뷰를 통해 그들 자신이 선택한 분야에 전생애를 바친 사상과 사색의 놀라운 통찰을 기록·정리한 「살아있는 도서관」.

資本主義 종말과 새 世紀

기 소르망 著
金廷銀 譯
〈양장 / 628면 / 13,000원〉

세계적인 석학인 저자는 자본주의 체제를 위협하는 것은 「도덕적 불만」과 「자본주의에 대한 몰이해」라고 주장하고 러시아·중국·독일·인도 등 20여개국의 자본주의의 현재 모습을 생생히 그리고 있다. 또한 현재의 자본주의의 위기를 극복하기 위한 구체적인 실천방안에 대해서도 통찰하고 있다. 방대한 분량인데도 르포형식이어서 전혀 지루하지 않다.

未來企業

피터 F. 드러커 著
高柄國 譯
〈신국판 / 416면 / 8,000원〉

우리 시대의 가장 뛰어난 사회·경영학자이자 미래학자인 드러커의 「변혁시대 기업생존전략 연구서!」 이 책은 세계경제가 빠르게 바뀌어 감에 따라 기업의 새로운 생존 경영전략 모델, 즉 기업이 살아남기 위한 5가지 변화조건을 예리하게 분석·고찰했다. 특히 사회·경제학 시각에서 세계경제 흐름을 통찰한 力著.

자본주의 이후의 사회

피터 F. 드러커 著
李在奎 譯
〈양장 / 328면 / 7,000원〉

사회주의권의 급격한 몰락 이후 탈냉전 분위기가 고조되고 있는 시점에서 향후 세계 변화가 주요 관심사로 떠오르고 있다. 저자는 이 책에서 향후 세계는 자본주의적 시장구조와 기구는 그대로 존속되겠지만 주권국가의 통제력은 약화되고 전문지식을 갖춘 지식경영자 중심의 글로벌화 사회가 될 것으로 예측하고 있다.

미래의 결단

피터 드러커 著
이재규 譯
〈양장 / 408면 / 9,000원〉

현대 경영학의 대부, 피터 드러커는 이 책에서 「스스로를 다시 생각함으로써 회생할 수 있다」고 전제하고 기업의 5가지 치명적 실수, 가족기업을 경영하는 규칙, 대통령을 위한 6가지 규칙, 새로운 국제시장의 개발, 3가지 종류의 팀조직, 오늘날 경영자들이 필요로 하는 정보 등 바람직한 미래를 실현하기 위한 방안을 제시했다. 21세기를 위한 새롭고 시의적절한 경영지침서.

株式市場 흐름 읽는 법

浦上邦雄 著
朴承源 譯
〈신국판 / 200면 / 4,000원〉

언뜻 보기에 무질서하고 예측이 불가능해 보이는 주식시장도 장기적으로 보면 특정한 네 개의 국면을 반복하고 있다는 것을 알 수 있다. 이 책은 이 네 개의 국면이 어떤 요인에 의해 순환되고 각각의 국면에서 어떤 종목이 활약하는가를 숙지할 수 있는 안목을 제시해주고 주식투자시 리스크를 피하는 방법에 대해서도 설명하고 있다.

2020년

해미시 맥레이 著
金光田 譯
〈양장 / 408면 / 9,000원〉

다양한 인종만큼이나 상이한 정치·경제체제와 독특한 문화양식을 지니고 있는 세계 각국은 저마다의 주무기를 앞세워 미래를 설계하고 있다. 경제평론가인 저자는 앞으로 국가경쟁력을 결정짓는 요인은 기술이 아니라 문화라고 강조한다. 현재 세계 각국이 처해 있는 상황을 바탕으로 치밀하게 전망한 2020년경의 세계 각국의 모습에서 우리의 진로는 어떻게 모색해야 할 것인가?

제 4 물결

허먼 메이너드 2세
수전 E. 머턴스 共著
韓榮煥 譯
〈양장·4×6판 / 239면 / 5,000원〉

21세기의 범세계적 기업을 위한 낙관적 비전을 제시하고 있는 이 책은 한마디로 앨빈 토플러의 《제3물결》을 넘어 장기적 미래의 비전에 집중하고 있다. 지금 우리가 공업화를 상징하는 「제2물결」에서 탈공업화적인 「제3물결」로 전이하고 있지만, 머지 않은 곳에서 새로운 차원의 「제4물결」이 밀려오고 있다고 진단하고 있다.

장사꾼으로 거듭나는 사무라이 혼

金亨澈 著
〈신국판 / 372면 / 7,000원〉

일본의 자민당 정권이 붕괴된 이후 연립정권이 난립하고 고베 대지진, 증권스캔들, 옴 진리교 사건 등이 일어난 격동기에 필자가 주일특파원으로 취재하며 느낌을 쓴 현장 르포다. 기자의 눈을 통해 「기모노 속에 감춰진 진짜 일본」을 만난다.

유머人生 1～5

韓國經濟新聞社 出版部 編
〈4×6판 / 244면 / 4,500원〉

많은 독자들이 1980년 12월부터 본지에 연재되고 있는 「海外유머」를 책으로 출판했으면 어떨지, 그런 계획은 없는지 물어왔다. 이 책은 독자들의 그러한 성원에 보답하자는 취지로 출판되었으며 우스갯소리 가운데서 인생의 묘미도 느끼고 영어공부도 할 수 있게끔 어려운 단어나 語句에는 주석을 달아 독자들의 이해를 돕고자 노력했다.

암 이렇게 하면 두렵지 않다

엘리자베스 웰런 著
민진식 監譯
〈신국판 / 350면 / 8,000원〉

암의 원인과 관계되는 발암물질, 역학조사, 그리고 생활주변에서 많이 발생하는 암의 위험요소에 대한 방대한 문헌과 보고서를 분석 정리했다. 또 이미 알고 있는 암 유발요인을 쉽게 설명하고 암 학자들의 연구결과와 철저한 문헌조사, 특히 인간에 대한 직접 연구결과에 근거한 암 원인을 전반적으로 개관하여 예방의학의 길을 제시했다. 감역자는 연세대 의대 암센터원장.

사장님, 원가를 아십니까

鄭明煥 著
〈신국판 / 220면 / 5,000원〉

원가의 개념을 정확히 이해하지 못하고 경영한 결과 장부상으로는 흑자임에도 결손이 나는 등 어려움을 겪는 경우가 흔히 있다. 이 책은 경영자는 물론 회계와 기획담당자를 포함한 기업 관계자들에게 원가의식과 관리회계의 개념을 심어준다는 취지에서 원가에 관련된 제반사항을 소설식으로 알기쉽게 다룬 力著

프로 영업인이 되는 길

시라이 기요시 著
朱明甲 譯
〈신국판 / 240면 / 5,000원〉

번번히 뛰어난 실적으로 동료들의 부러움을 사는 사람이 있다. 이런 사람은 흡사 영업의 귀재, 타고난 영업인처럼 보인다. 그러나 잘 나가는 영업사원과 그렇지 못한 영업사원의 차이는 반드시 있게 마련. 이 책은 결코 평탄하지만은 않은 영업의 세계에 입문하거나 프로로 거듭나기를 바라는 영업사원들이 갖춰야 할 지식에서부터 각양각색의 고객을 다루는 방법까지 100가지 성공비결을 공개하고 있다.

中國을 넘어야 한국이 산다

崔弼圭 著
〈신국판 / 260면 / 5,000원〉

최근들어 한국 기업의 중국 진출이 러시를 이루고 있으나 중국의 문화와 관습을 정확하게 이해하지 못한데서 많은 어려움에 부딪치고 있다. 이런 시점에서 쓰여진 이 책은 중국인들의 상술을 예리하게 파헤치고 있으며 한국 기업이 중국 현지에서 맞닥뜨리는 여러 사안들에 관해 심도 있게 분석하고 대안을 제시하고 있다.

멀티미디어 시대

조지 길더 著
權和燮 譯
〈신국판 / 208면 / 5,000원〉

이 책에서 저자는 단순영상매체인 TV는 종언을 고하게 되었고 TV의 기능에 컴퓨터와 광통신 기능이 부가된 네트워크망을 갖춘 종합미디어로서의 텔레퓨터가 멀티미디어 시대에 주역으로 등장할 것을 예고한다. TV를 보면서 진행자와 대담을 나누고 가상현실을 즐길 수 있는 놀랍고도 신기하기까지 한 세계의 출현을 예고하고 있다.

기업혁신 팀경영

존 R. 카첸바크 · 더글러스 K. 스미스 共著
梁波容 譯
〈신국판 / 364면 / 7,000원〉

구성원의 기술·경험·통찰력을 결합한 「팀」제는 개개인보다 월등한 업무능력을 지니고 있으며 업무의 내용이 복합적이거나 판단능력·경험이 필요한 경우 더욱 돋보인다. 이 책은 다양한 사례를 중심으로 집단적인 작업생산, 개인적인 성장 그리고 고능률 업무수행을 위한 팀경영의 비결을 소개하고 있다.

21세기 기업

제이 R. 갤브레이스·에드워드 E. 롤러 3세 共著
朴秀圭 譯
〈신국판 / 410면 / 8,000원〉

이 책은 21세기의 시장환경에 적응하고 살아 남기 위한 조직구조를 체계적으로 고찰하고 있으며 역동적인 환경에 대처할 관리관행과 경영체계를 심도있게 분석하고 있다. 또한 저자들은 지식업무 및 관리팀, 기량 중심의 인적자원 시스템 구축, 스태프진 분산과 네트워크 구축 등의 새로운 조직창출 방법을 다양하게 구사하고 있다.

기업간·업종간 전략적 제휴

조셉 L. 배더러코 2세 著
韓榮煥 譯
〈신국판 / 264면 / 6,000원〉

지식이 국가와 기업의 경계를 넘어 급속히 이동하고 세계화됨에 따라 새로운 기술과 제품이 정신없이 쏟아져나오고 있다. 이제 어떤 사회도 필요한 모든 기술과 제품을 독자적으로 해결할 수는 없다. 이 책은 많은 회사들의 요새와 같던 담을 무너뜨리고 경쟁예상자와 손을 잡고 제품을 생산하고 기술과 능력을 개발하는 방법을 보여주고 있다.

결혼경제학

八代尚宏 著
李均 譯
〈신국판 / 200면 / 4,500원〉

결혼과 그 주변문제에 대해 경제학적 측면에서 분석했다. 모든 결혼이 정신적·물질적 행복을 보장해 주는 것은 아니다. 남녀의 결합으로 성립되는 「가정주식회사」는 운영의 묘에 따라 번창하기도 하고 파국을 몰고오기도 한다. 결혼적령기 남녀, 결혼생활을 하고 있는 모든 사람들을 위한 필독서.

정보고속도로의 꿈과 악몽

대니얼 버스타인·데이비드 클라인 共著
김광전 譯
〈신국판 / 472면 / 9,500원〉

세계적인 컨설턴트 버스타인과 컴퓨터 잡지 〈와이어드〉의 객원편집위원인 클라인이 정보고속도로와 디지털이 꿈꾸는 미래의 이상과 그에 따른 문제들을 분석하고 해결책을 제시했다. 특히 정보산업의 발전과정에서 진행된 미국과 세계적인 기업의 사업전략, 그들간의 싸움을 흥미진진하게 엮고 있으며 디지털 혁명이 몰고올 사회변화까지 상세히 설명했다.

거꾸로 선 아버지 바로 세우기

레벤 바-레바브 著
김광전 譯
〈신국판 / 348면 / 8,000원〉

정신과 전문의인 저자가 현대 가정이 지닌 문제점과 자라나는 아이들이 겪는 여러 가지 비극과 그 대안들을 정신분석학적 방법으로 제시했다. 오늘날 우리 사회가 안고 있는 청소년 문제의 근원은 대부분 가정에 있으며 특히 아버지의 역할이 부족한데서 비롯된다고 보고 있다. 훌륭한 아버지의 역할과 훌륭한 아버지가 되는 실용적인 아이디어를 구체적으로 제시하고 있다.

여자의 육체 남자의 시선

장 클로드 코프만 著
김정은 譯
〈신국판 / 392면 / 8,500원〉

독창적이고 신중한 연구라는 평을 받은 파리 5대학 사회학자의 흥미롭고도 심도 있는 저서. 저자는 2년 동안 해변에서의 토플리스 연구를 통해 은밀하면서도 흥미로운 규칙을 발견한다. 형태, 나이, 문화, 해변의 상황에 따라 여자들은 각기 나름의 행동규칙을 준수하며 자신들에게 보내는 시선의 신호를 이해하여 몸의 자세로 또는 적당한 제스처로 그것에 응한다고 보고 있다.

안자(상·중·하)

미야기타니 마사미쓰 著
신봉승·김하중 譯
〈양장 / 4×6판 / 384면 내외 / 각권 6,500원〉

열국의 제후들이 대륙의 패권을 놓고 싸우는 춘추 시대를 배경으로 격동의 역사를 헤쳐나가는 명재상 안자의 일대기를 그리고 있다. 난세 속에서도 안자는 충(忠)과 의(義)를 지키며 정도(正道)만을 걷는다. 국가 경영의 참다운 모습, 인간관계의 원형을 보여주는 그의 독특한 철학을 통해 당시의 시대정신과 사회상을 조명한다.

大商(상·하)

정종명 장편소설
〈신국판 / 상권 348면, 하권 336면 / 각권 6,000원〉

간신 유자광에게 핍박받고 공신 박원종의 비호를 받으면서 혁신정치의 풍운아 조광조에게 도전했던 조선 제일의 巨商 서용근의 일대기를 그리고 있다. 천부적인 장사꾼 기질과 처세술로 조선의 상권을 한손에 거머쥐고 정치권과도 밀착, 정권을 좌지우지했던 서용근의 파란만장한 생애가 흥미진진하게 펼쳐진다. 가공인물 서용근이 보여주는 일련의 정치행각이 특히 흥미롭다.